Neff's Kleine Hausbibliothek

Heilpflanzen von A–Z

von
Dr. H. H. Hart

Verlagsunion Erich Pabel – Arthur Moewig KG, Rastatt

Neff ist ein Imprint der
Verlagsunion Erich Pabel – Arthur Moewig KG, Rastatt
© für diese Ausgabe 1993 by
Verlagsunion Erich Pabel – Arthur Moewig KG, Rastatt
Alle Rechte vorbehalten
Textbearbeitung: Helga Marie Linsbauer
Umschlaggestaltung: Steinkämper Grafikdesign, Münster
Printed in Germany 1993
Druck und Bindung: Elsnerdruck, Berlin
ISBN: 3-8118-5836-X

Inhalt

Vorwort

»Alle Wiesen und Matten,
alle Berge und Hügel sind Apotheken«.

Paracelsus

Geblendet vom medizinischen Fortschritt, wird der moderne Mensch oft blind gegenüber den Heilkräften der Pflanzen. Technik und Chemie jedoch können nur helfen, heilen kann allein die Natur.

Gesundheit ist ein so kostbares Gut, daß wir sie unbedingt erhalten, besser noch stabilisieren sollten. Dazu will das vorliegende Heilpflanzenlexikon beitragen. Denn trotz der vielen spezifischen Medikamente ist die Natur noch immer die beste Apotheke für ein natürliches Gesundwerden und Gesundbleiben.

Eine Selbstbehandlung mit Heilkräutern ist jedoch nur bei leichten oder sogenannten banalen Erkrankungen angesagt. Bei schwereren Leiden oder komplizierteren Symptomen sollte auf jeden Fall ein Arzt zu Rate gezogen werden.

Beim Sammeln von Heilpflanzen sollte man sich auf diejenigen Sorten beschränken, die man mit Sicherheit kennt, um Verwechslungen mit giftigen Pflanzen auszuschließen. Einfacher ist es natürlich, Heilkräuter getrocknet oder in verschiedenen Zubereitungsformen beim Apotheker zu erwerben. Achten Sie bei der Anwendung der Heilkräuter auf die richtige Dosierung, und beginnen Sie bei der Erstbehandlung zunächst mit niedrigen Dosen.

Der lexikalische Aufbau des vorliegenden Bandes soll Ihnen das gezielte Nachschlagen erleichtern. Nach einer allgemeinen Beschreibung der wichtigen Heilpflanzen folgen genaue Angaben über Vorkommen, Botanik, Wirkstoffe, medizinische Anwendung sowie Dosierung und Zubereitung. Aufgenommen wurden auch einige heute wenig bekannte Heilpflanzen, deren vorzügliche Wirkung wir uns wieder zunutze machen sollten.

Alant

Glockenwurzel, Helenenkraut
Inula helenium

Der echte Alant kommt ursprünglich aus der Mongolei und gelangte von dort nach Mitteleuropa; die Pflanze ist bei uns meist nur in kultiviertem Zustand anzutreffen. Einen guten Ruf als Heilpflanze genoß sie schon bei den alten Griechen (*helenium* = griechisch). Die Römer schätzten den Alant als Magenmittel. Schon Plinius d. Ä. (um 23. v. Chr. – 79 n. Chr.) äußerte sich mit lobenden Worten über diese Pflanze, und im Mittelalter spielte der Alantwein eine große Rolle.

Die Hauptwirkstoffe dieser Pflanze sind Inulin und ätherische Öle, beide im Wurzelstock gespeichert. Mancherorts wird der gesüßte Wurzelstock roh gegessen.

Zur Teezubereitung wird ein halber Teelöffel der feingeschnittenen, getrockneten oder frischen Wurzel mit heißem Wasser aufgegossen; mit Honig verrührt hilft das Getränk bei Bronchitis.

Der Alantwein, ebenfalls aus der Wurzel zubereitet, ist bei Gastritis zu empfehlen; er soll auch vor einer Frühgeburt schützen. Bei Koliken hilft eine Tinktur aus Alantwurzel, Anissamen, Wermut, Tausendgüldenkraut und Rosinen, in Branntwein 14 Tage lang bei Zimmertemperatur stehenlassen. Gegen Würmer gibt es mittlerweile bessere Mittel.

Äußerlich angewendet, hilft eine Abkochung bei verschiedenen Hauterkrankungen, beispielsweise Ekzemen. Die in kleine Stücke geschnittene Wurzel soll an der Sonne getrocknet werden.

Vorkommen:	in Südeuropa wild, in Mitteleuropa als Kulturpflanze.
Beschreibung:	*Höhe* bis 150 cm; aufrechter, dicker, runder *Stengel*; eiförmige längliche Blätter, an der Unterseite filzig, grundständige *Blätter* mit Stiel; gelbe große *Blütenköpfe* mit Hüllblättern; bräunliche *Früchte* mit rotem Haarkranz; dicke *Wurzel*
Offizinelle Teile:	Wurzel
Wirkstoffe:	Inulin, Pectin, Alantöl
Blütezeit:	Juli/August
Sammelzeit:	*Blüte*: Frühsommer, *Wurzeln*: November
Eigenschaften:	schleimlösend, entzündungshemmend, verdauungsfördernd, cholagogisch (Gallesaft treibend)
Med. Anwendung:	*Tee* bei Katarrh und Bronchitis, *Wein* bei Magenentzündungen, *Tinktur* bei Verdauungsbeschwerden, Koliken
Dosierung und Zubereitung:	*Tee* 1 g Wurzel = 1/2 TL auf 1/2 Tasse Wasser; alle 2 Stunden 1 Tasse trinken; Tageshöchstdosis 3 EL *Wein:* 15 g Wurzeln auf 1 l Wein; kurz aufkochen und vor den Mahlzeiten 3 Schnapsgläser zu sich nehmen *Tinktur:* mehrmals täglich teelöffelweise Abkochung: 1 EL auf 1/2 l Wasser.
VORSICHT:	Überdosierungen vermeiden! Bei äußerlicher Anwendung sind Allergien nicht auszuschließen.

Andorn

Berghopfen, Helfkraut
Marrubium vulgare

Die Heimat des Andorns ist das Mittelmeergebiet. Bei uns wächst er nur in warmen, trockenen Landstrichen.

Bereits die alten Ägypter schätzten ihn bei Erkrankungen der Atemwege und als Gegengift. Die Germanen betrachteten dieses Kraut als hexenabwehrend.

Der Name leitet sich aus dem Hebräischen ab und bedeutet soviel wie bitterer Saft. Und in der Tat muß der Andorntee wegen der Bitterkeit mit Honig oder Zucker gesüßt werden.

Der Bitterstoff Marrubiin hat jedenfalls eine sekretionsfördernde Wirkung. Er wird deshalb gerne bei Schleimverhaltungen angewendet. Gegen Würmer helfen chemische Medikamente besser. Trotz gegenteiliger Behauptungen ist bei schwierigem Urinieren (Prostatahypertrophie) unbedingt ein Facharzt (Urologe) aufzusuchen. Dasselbe gilt bei Nierensteinen; denn es ist sehr zweifelhaft, ob Andorn den Nieren- oder Blasenstein besser löst als moderne technische Verfahren (z.B. Steinzertrümmerung).

Andorn, in Wein und Honig gekocht, wird bei unregelmäßiger Periode empfohlen. In Salbenform soll er die Milchsekretion fördern. Frische Blätter, mit Bienenhonig vermischt, sollen als Auflage bei Entzündungen Wunder wirken.

Nach dem Sammeln muß Andorn im Dunkeln getrocknet werden.

Vorkommen:	Schutthalden, Wegränder, Mauern, Ödland
Beschreibung:	*Höhe* bis 60 cm; vierkantiger, teils stark verästelter, filzig behaarter *Stengel*; *Blätter*: grau, wollig, dick, runzelig, rund, gestielt; *Blüten*: weiß, kugelig, in Blatt-Achseln; stacheliger *Kelch* mit gekrümmten Zähnen
Offizinelle Teile:	blühende Sproßspitzen
Wirkstoffe:	Bitterstoffe, ätherische Öle, Saponine, Glykoside, Kalium, Calcium
Blütezeit:	Juni bis August
Sammelzeit:	Juli/August
Eigenschaften:	Verdauungssäfte stimulierend, die Menstruation regulierend, schleimlösend
Med. Anwendung:	*Tee* bei Leber-, Milz-, Lungen- und Nervenleiden, Anämie *Wein* bei Menstruationsbeschwerden *äußerliche Anwendung*: *Absud* bei Hautkrankheiten, Entzündungen *Salbe* zur Förderung der Milchsekretion
Dosierung und Zubereitung:	*Tee*: 1 g = 1 TL auf 1 Tasse Wasser und bis zu 3 Tassen täglich trinken *Wein*: 15 g auf 1/2 l *Absud*: 35 g Sproßspitzen auf 1 l kochendes Wasser, 10 min ziehen lassen, abseihen *Salbe*: fein zerriebenes Kraut einer Trägersubstanz (z.B. Vaseline) beimengen.

Arnika

Kraftwurz, Bergwohlverleih
Arnica montana

Arnika hat viele volkstümliche Bezeichnungen. Auf Heilkraft und Aussehen verweisen die Namen Fallkraut, Wundkraut, Feuerblume, Mutterblume und Ochsenauge.

Die Pflanze darf innerlich (z.B. bei Kreislaufstörungen) nur mit großer Vorsicht angewendet werden. Sie wirkt hingegen gut bei Verengung der Herzkranzgefäße (Angina pectoris). Aber auch bei diesem Leiden gilt: vorher den Arzt aufsuchen. Bei schwachem Magen (Gastritis) ist Arnika kontraindiziert. Überdosierungs- und Vergiftungserscheinungen sind Benommenheit, Schwindel, Anzeichen von Atemnot und Herzjagen, in schweren Fällen kann es zum Herzkreislaufstillstand kommen.

Das ätherische Öl dieser Pflanze, das Arnicin, ist stark hautreizend; Einreibungen dürfen deshalb nur verdünnt – im Verhältnis 1:2 mit abgekochtem Wasser – vorgenommen werden. Um Hautschäden zu vermeiden, sollte die entsprechende Stelle mehrmals täglich mit einer fettenden Creme zusätzlich behandelt werden.

Arnika galt früher als Aphrodisiakum und wird erst seit dem 15. Jh. als Heilpflanze verwendet. Blüten und Wurzeln haben einen stark aromatischen Geruch, aber einen bitteren Geschmack. Salben und Tinkturen kauft man am besten fertig in der Apotheke.

Der Wurzelstock muß rasch getrocknet werden. Die Blüten sind vor der Verwendung immer auf die (giftigen) Larven der Arnikafliege zu untersuchen.

Vorkommen:	in ganz Europa; torfige und feuchte Wiesen; Waldlichtungen; Almen
Beschreibung:	30 – 60 cm hoher *Stengel*, aufrecht, behaart; *Blätter*: fünfnervig, zungenförmig, bodenständige Blattrosette, zuweilen in halber Höhe ein gegenständiges Blattpaar; *Blüte*: sonnengelb, würzig duftend waagrechte *Wurzel*, Nebenwurzeln
Offizinelle Teile:	Blüten ohne Kelche, Wurzelstock
Wirkstoffe:	ätherische Öle (Arnicin), Gerbstoffe, Flavone, Kieselsäure
Blütezeit:	Juni bis August
Sammelzeit:	*Blüten*: Juni; *Wurzeln*: Frühjahr oder Herbst
Eigenschaften:	adstringierend, fördert die Wundheilung, antiphlogistisch, herz- und kreislaufwirksam
Med. Anwendung:	*Tee* bei Herzleiden* *Einreiben* bei Rheuma und Muskelschmerzen *Umschläge* bei Entzündungen und Blutergüssen *Gurgeln* bei Entzündungen im Mundbereich
Dosierung und Zubereitung:	*Tee*: 0,5 g = 1 TL Blüten auf 1 Tasse Wasser, aufkochen und 5 min ziehen lassen *Gurgelflüssigkeit*: 10 – 20 Tropfen der Tinktur auf 1 Glas Wasser *Äußerliche Anwendung*: 1 Teil Arnikatinktur auf 2 Teile Wasser verdünnen; besser noch 1 EL auf 1/4 l Wasser geben
VORSICHT!	*Bei innerlicher Anwendung ist größte Vorsicht geboten!

Augentrost

Augenkraut, Augustinuskraut
Euphrasia officinalis

Der Augentrost gehört zur Familie der Rachenblütler. Die Pflanze kommt in Mittel- und Südeuropa vor. Sie ist ein Halbschmarotzer, der zwar selbst Blattgrün besitzt, aber auch auf Kosten anderer Pflanzen lebt. Die Wurzeln haften mit Saugorganen an den Wurzeln benachbarter Wirtspflanzen. Vom Augentrost gibt es sehr viele Untertanen, die nach Blütengröße, Drüsenhaaren und Verzweigung des Stengels unterschieden werden können.

Der Augentrost war bereits im 12. Jh. als Heilpflanze bekannt. Gegen Gelbsucht wurde er 4 Jahrhunderte später empfohlen. Pfarrer Sebastian Kneipp (1821 – 1897) schätzte ihn als magenstärkendes Bittermittel.

Der ursprüngliche griechische Name bedeutet Frohsinn; die deutsche Bezeichnung weist auf die Bedeutung der Pflanze bei Augenleiden hin. Vom wissenschaftlichen Standpunkt aus ist diese Wirkung allerdings nicht geklärt.

Abends vor dem Schlafengehen kann man sich ein in Tee getauchtes Leinenläppchen auf die Augen legen, und zwar so lange, bis es von selber getrocknet ist. Bei empfindlichen Augen soll der Tee vorher noch verdünnt werden. Ein weiteres wichtiges Anwendungsgebiet sind Entzündungen des Magen-Darm-Traktes.

Das Kraut muß rasch getrocknet, der Tee täglich frisch angesetzt werden.

Vorkommen:	Europa, Asien; Weiden, Wiesen, Höhenlagen
Beschreibung:	*Höhe* bis 30 cm; *Stengel* verzweigt; *Blätter*: stiellos, graugrün, gegenständig, eiförmig, gezähnt; *Blüten*: weiß mit gelbem Rachen und violetten Ausläufern in beblätterter Traube, zweilippige *Krone*; *Wurzeln* mit Saugköpfen; *Geschmack*: bitter
Offizinelle Teile:	blühendes Kraut
Wirkstoffe:	Aucubin, ätherische Öle, Bitterstoffe
Blütezeit:	Juli bis September
Sammelzeit:	Juli bis September
Eigenschaften:	adstringierend, schmerzlindernd
Med. Anwendung:	*Tee* bei Gastritis, Verdauungsschwäche, Katarrh *äußerliche Anwendung*: bei Augenentzündungen, Nasenspülung bei Schnupfen, *Gurgeln* bei Halsentzündungen
Dosierung und Zubereitung:	*Tee*: 1 TL getrocknetes Kraut auf 1 Tasse Wasser, kurz aufkochen; täglich höchstens 2 Tassen nehmen *Umschläge* und *Spülungen*: verdünnter Tee (1:2)
VORSICHT!	Eine Überdosierung ist zu vermeiden. Bei Kindern ist Augentrost ungeeignet.

Baldrian

Katzenkraut
Valeriana officinalis

Der eigenartige Geruch dieser Pflanze zieht Katzen an, deshalb auch der volkstümliche Name Katzenkraut.

Der Baldrian wurde bereits im 9. Jh. vor Christus erwähnt. Die heilige Hildegard von Bingen (1098 – 1179) schätzte ihn als Mittel gegen Gicht und Seitenstechen. Im Mittelalter wurden mit dieser Pflanze auch Hexen und Dämonen abgewehrt. Erst Christoph Wilhelm Hufeland (1762 – 1836) erkannte die beruhigende und nervenstärkende Wirkung des Baldrians. Weltbekannt ist der Beruhigungstee nach dem Rezept von Pfarrer Kneipp: je 20 g Baldrianwurzel, Nelkenwurzel, Pfefferminze und Orangenblätter. Die Eingeborenen in Mittelaoerika nehmen eine Baldrianart, um das Hungergefühl zu unterdrücken.

Die beruhigende Wirkung der Baldrianwurzel erklärt sich aus dem Gehalt an Alkaloiden, die teils direkt die Großhirnrinde, teils das vegeöative Nervensystem beeinflussen. Bei Schlafstörungen soll es nichts Besseres geben. Daneben wisd Baldrian auch als Appetitzügler eingesetzt. Bei Atembeschwerden soll Baldrianpulver mit Fenchel ud Zucker eingenommen werden.

Die Wurzel soll nach der Ernte sofort gereinigv und an der Luft getrocknet werden.

Vorkommen:	feuchte Gegenden, Wiesen, Wälder, Felsen
Beschreibung:	*Höhe*: 70 – 150 cm; *Stengel*: gerade, hohl, gerieft, wenig verzweigt; *Blätter*: gegenständig, mit 5 – 20 Fiedern; *Blüten*: hellrot in Doldenrispen, fünflappig; *Wurzel*: kurz, walzenförmig
Offizinelle Teile:	Wurzel
Wirkstoffe:	Isovaleriansäure, Ester, Glykoside, Gerb- und Schleimstoffe, Lipasen
Blütezeit:	Juni bis August
Sammelzeit:	September/Oktober
Eigenschaften:	beruhigend, krampflösend
Med. Anwendung:	*Tee* bei Schlafstörungen, Migräne, Depressionen, psychischen Störungen, Durchfällen *Kompressen* bei müden Augen *Vollbad* bei Nervosität
Dosierung und Zubereitung:	*Tee*: 2 g = 1 TL auf 1 Tasse Wasser, kurz aufkochen und 10 – 15 Minuten ziehen lassen, abseihen, und 1 Tasse täglich trinken *Tinktur*: 20 g Wurzeln auf 100 ml Alkohol; 1 TL hiervon auf 1 Glas Wasser verdünnen – 2mal täglich *Vollbad*: 100 g Wurzeln oder 250 g Tinktur für 1 Vollbad nehmen
VORSICHT!	Vor Darmeinlauf bei Verdauungsbeschwerden den Arzt fragen; Überdosierung bereitet Kopfschmerzen und Übelkeit.

Beifuß

Besenkraut, Wilder Wermut
Artemisia vulgaris

Der Beifuß ist eine Gewürz- und Heilpflanze und gehört zur Familie der Korbblütler. Die Pflanze kommt wild vor, wird aber auch oft angebaut; sie ist in Europa und Nordamerika heimisch. Wegen ihres Geruches wird sie Wilder Wermut genannt. Im Gegensatz zum echten Wermut sind die Blätter nur unten weißlich behaart.

Im Mittelalter wurden die Blüten als Gewürz verwendet, und unter fette Speisen, beispielsweise Schweinebraten, mischt man Beifuß, da er durch seine galletreibende Wirkung die Verdauung unterstützt. Früher glaubte man, daß die Pflanze, in den Schuhen getragen, der Müdigkeit vorbeugt. Der Gattungsname *Artemisia* geht auf die Göttin Artemis zurück; daher auch die gute Wirkung bei Frauenleiden. Wegen des Bitterstoffes verordnete ihn die Volksmedizin früherer Zeiten zusammen mit Rainfarn bei Wurmbefall. Beifuß soll auch den Mottenbefall der Kleider verhindern.

Die Wurzeln müssen im Ofen getrocknet werden; eine lichtgeschützte Lagerung des gewonnenen Pulvers empfiehlt sich.

Vorkommen:	Bahndämme, Zäune, Hecken, angebaut in Gärten
Beschreibung:	*Höhe*: 150 cm hohe Staude; *Blätter*: dreifach gefiedert, Oberseite graugrün, Unterseite filzig weiß; *Blüten*: gelblich, filzig, aromatisch duftend, holziger *Wurzelstock*
Offizinelle Teile:	Blätter, Wurzeln, Blüten als Gewürz
Wirkstoffe:	Bitterstoffe, ätherische Öle, Inulin, Vitamine A, B, C
Blütezeit:	Juli/August
Sammelzeit:	*Kraut*: Juli, August; *Wurzeln*: Oktober
Eigenschaften:	galletreibend, fiebersenkend, krampflösend
Med. Anwendung:	*Tee* und *Tinktur* bei allgemeiner Schwäche, Verdauungsstörungen, Menstruationsbeschwerden, Anämie *äußerliche Anwendung:* bei Rheumatismus, Blutergüssen *Wein* bei Appetitlosigkeit
Dosierung und Zubereitung:	*Tee*: 3 g auf 1 Tasse heißes Wasser; 5 min ziehen lassen und 2 Tassen täglich trinken *Tinktur*: 20 g auf 100 ml Alkohol *Wein*: 50 g auf 1 l (Bedarf für 1 Monat), davon 1 Glas vor jeder Mahlzeit
VORSICHT!	Überdosierung kann zu Vergiftungserscheinungen führen. Darüber hinaus wirkt der Blütenstaub als Allergen. Während der Schwangerschaft sollte Beifuß nicht angewendet werden.

Beinwurz

Beinwell, Schwarzwurz
Symphytum officinale

Entlang von Flüssen und in sumpfigen Gebieten fällt der Beinwurz durch den rauhen, kantigen Stengel und die großen, hängenden Blätter auf. Er ist ein Tiefwurzler und läßt sich kaum ausrotten.

Schon die alten Römer wußten um die Heilkraft dieser Pflanze aus der Familie der Borretschgewächse. Bei Knochenbrüchen, Blutergüssen und Quetschungen empfahl der Militärarzt Glaukus eine Wurzelbreiauflage. Auch der volkstümliche Name Beinwell besagt, daß diese Pflanze die Knochen schneller heilen läßt.

Ein Pflaster, hergestellt aus Beinwellwurzeln, eignet sich gut in der Nachsorge von Frakturen. Dieselbe Bedeutung hat der griechische Wortstamm des lateinischen Gattungsnamen: *symphyein* = zusammenwachsen.

Die Blätter liefern im Frühjahr einen gesunden Salat. Bei Magengeschwüren wurde früher ein Tee empfohlen, der zu gleichen Teilen aus Beinwell, Ringelblume und Vogelknöterich besteht. Gegen Fieber soll halbstündlich ein Eßlöffel Wurzeltee helfen.

Die Pflanze enthält einige giftige, das zentrale Nervensystem lähmende Stoffe. Deshalb ist vor übermäßigem Genuß zu warnen. Auch wenn – wie in einigen Gegenden – die Blätter in Teig gebacken werden; die Giftstoffe werden dadurch nicht zerstört. Darum sollte man von der innerlichen Verwendung möglichst ganz absehen.

Vorkommen:	nasse Wiesen, entlang von Gewässern; in ganz Europa
Beschreibung:	*Höhe* bis 80 cm, vierkantiger, behaarter *Stengel*; *Blätter*: groß, behaart, lanzettförmig; *Blüten* glockenförmig, schmutzig weiß-rot, in Trauben in den Blatt-Achseln; dicke *Wurzel*, außen schwarz, innen schleimig weiß
Offizinelle Teile:	Blätter, Wurzeln
Wirkstoffe:	Asparagin, Allantoin, Kieselsäure, Schleimstoffe, Gerbstoffe, ätherische Öle
Blütezeit:	Sommer
Sammelzeit:	Blütezeit
Eigenschaften:	entzündungshemmend, lytisch, hustenbekämpfend, wundheilungsfördernd
Med. Anwendung:	*Auflage* mit abgebrühten Blättern bei schwachen Gliedern, Osteomyelitis, Blutergüssen, Sehnenscheidenentzündungen *Essenz* gegen Gelenkschwellungen, Rheumatismus *Pflaster* bei Knochenbrüchen, Thrombosen *Salbe* bei Quetschungen
Dosierung und Zubereitung:	*Umschläge:* 3 EL Wurzelpulver mit wenig Wasser verrühren, aufkochen und dann auflegen *Pflaster* und *Salbe* in der Apotheke kaufen.

Bibernelle

Pfefferwurzel, Bockspetersilie
Pimpinella major, Pimpinella saxifraga

Beide bei uns vorkommenden Bibernellenarten, die *Pimpinella major* und die *Pimpinella saxifraga*, haben in etwa dieselben medizinischen Eigenschaften. Sie sind Doldengewächse und in ganz Mitteleuropa heimisch. Die zur gleichen Gattung gehörende *Pimpinella anisum* (Anis) ist an den Stengelspitzen behaart. Dies erleichtert die Unterscheidung.

Früher wurde dieser Pflanze Wunderheilung bei Cholera und Pest nachgesagt. „Esset Knoblauch und Bibernell, dann sterbet ihr nicht so schnell", kann man in vielen Schriften zur Zeit der großen Epidemien lesen.

Die Heilkraft der Bibernelle ist oft verkannt worden. Ein Gelehrter schrieb vor 500 Jahren: „Helff Gott, was hat dise gemeyne Wurtzel müssen leiden bei den gescheiten Leuten." In unserem Jahrhundert hat sie sich aber endgültig durchgesetzt.

Die Wurzel, die an der Luft bräunlich anläuft, wird zu Heilzwecken geschnitten, gedörrt und dann fein gemahlen. Bei allgemeiner Schwäche soll man täglich 2 bis 3mal einen Teelöffel dieses Pulvers nehmen. Die mancherorts erhältlichen Bibernellenbonbons wirken zwar langsamer als das Pulver, haben aber einen deutlich besseren Geschmack.

Bei Lungen- und Blasenleiden soll die Wurzel mit Salbei und Tausendgüldenkraut in Wein gekocht werden. Die größte Wirkung entfaltet die Bibernelle aber bei Bronchitis und Mandelentzündung.

Vorkommen:	in Mitteleuropa in feuchten Gegenden
Beschreibung:	*Stengel* bis 1 m, aufrecht, beblättert, verzweigt, hohl; *Blätter*: unpaarig gefiedert (bis zu 9), rundlich, gesägt; *Blüten*: weiß, in Dolden; *Wurzel* spindelförmig geringelt; braune *Früchte*
Offizinelle Teile:	Wurzel
Wirkstoffe:	ätherische Öle, Gerbstoffe, Bitterstoffe, Cumarine, Saponine
Blütezeit:	Juni bis August
Sammelzeit:	Sommer
Eigenschaften:	sedativ, wundheilend, appetitanregend, hustenstillend
Med. Anwendung:	*Gurgeln* bei Entzündungen im Bereich der Mund- und Rachenhöhle (Mandelentzündung) *Tee* bei Bronchitis und Gicht *Wurzelpulver* bei allgemeiner Schwäche *Wurzelwein* bei Erkrankungen der Lunge und des Urogenitaltraktes
Dosierung und Zubereitung:	*Tee*: 2,5 g = 1 TL der getrockneten Wurzel auf 1 Tasse kochendes Wasser; warm trinken, und zwar täglich 2 Tassen *Kaltauszug* (zum Gurgeln): 2 TL Wurzel 1 Tag in einer Tasse Wasser ziehen lassen *Wein*: 50 g auf 1 l; täglich 1 Glas zu sich nehmen.

Blasentang

Meereiche, Seetang
Fucus vesiculosus

Der Blasentang gehört zu den Braunalgen. Er wächst an den Küsten des Nordatlantiks und Nordpazifiks, aber auch an Nord- und Ostsee. Meist tritt der Blasentang in größeren Mengen auf und überzieht dann ganze Küstenabschnitte. Kernstück dieser Pflanze ist der widerstandsfähige *Thallus*, d.h. der Pflanzenkörper. Dieser *Thallus* saugt sich mit einer Haftscheibe an der Unterlage fest. Die in einer Reihe angeordneten Luftblasen lassen den Körper im Wasser schwimmen. Da der Blasentang mit den Blättern einer Eiche Ähnlichkeit hat, wurde er von Plinius d. Ä. auch Meereiche genannt.

In bestimmten Küstengebieten dient er als Viehfutter und außerdem zur Gewinnung von Jod und Kali. Am besten erntet man gleich die ganze Pflanze, wenn sie nach Stürmen bei Flut angeschwemmt wurde. Sie soll an der Sonne getrocknet werden.

Als Heilpflanze ist der Blasentang bei Schilddrüsenerkrankungen prädestiniert. Da er viel Jod enthält, empfiehlt sich möglicherweise eine Einnahme bei Schilddrüsenunterfunktion. Nützlich ist er auch zur Vorbeugung einer Kropfentstehung (Strumaprophylaxe). Diese Maßnahmen sind nur in Abstimmung mit dem Arzt durchzuführen, um eine Überdosierung zu vermeiden.

Bei Gelenkschmerzen kann man den Blasentang als Badezusatz in Erwägung ziehen. Ob äußerliche Einreibung gegen Übergewicht hilft, ist mehr als fraglich; besser ist hier sicher eine verminderte Kalorienzufuhr. Seine Anwendung bei Gefäßerkrankungen ist sehr umstritten.

Vorkommen:	felsige Küstengebiete
Beschreibung:	*Höhe*: bis zu 1 m lange, zweihäusige Meeresalge; *Thallus*: braun-gelb, lederartig, abgeplattet, verzweigt, durchgehende Mittelrippe, Haftscheibe; mehrere Schwimmblasen
Offizinelle Teile:	ganze Pflanze, Thallus
Wirkstoffe:	Schleimstoffe, Jod, Zucker, Fette, Spurenelemente, Xanthophylle
Blütezeit:	entfällt
Sammelzeit:	das ganze Jahr
Eigenschaften:	die Schilddrüsenfunktion fördernd, abführend, blutreinigend, anregend
Med. Anwendung:	*innerliche Anwendung*: bei Hypothyreose und Kropf (Struma); bei Verstopfung, unreinem Blut, Abgeschlagenheit *Bäder* bei Gelenkschmerzen *Einreibungen* bei Adipositas, Cellulitis, Psoriasis
Dosierung und Zubereitung:	*Tee*: 1 g = 1/2 TL auf 1 Tasse Wasser; 5 min kochen und ziehen lassen; über mehrere Wochen jeden Morgen 1 Tasse trinken *äußerliche Anwendung*: 1 Handvoll Blasentang kochen; möglichst heiß auflegen oder dem Bad zugeben
VORSICHT!	Eine Unterfunktion der Schilddrüse muß immer ärztlich abgeklärt und behandelt werden.

Bockshornklee

Griechisches Heu
Trigonella foenum graecum

Der Bockshornklee, eine Hülsenfrucht, gehört zur Familie der Schmetterlingsblütler. Er ist im Orient und im östlichen Mittelmeergebiet zu Hause. Von dieser Pflanze gibt es über 75 verschiedene Unterarten.

In manchen Gegenden Frankreichs wird der Bockshornklee als Futterpflanze gewerbsmäßig auf großen Flächen angebaut. Bereits auf größere Entfernung fällt er durch seinen unangenehmen, strengen Geruch auf. Dieser läßt erst nach dem Trocknen und dann auch erst nach mehreren Jahren nach.

Der bis zu 60 cm hohe Stengel trägt hellgrüne, keil- bis eiförmige Blätter und gelb-weiße Blüten, die aus den oberen Blatt-Achseln herauswachsen. Der vierkantige, harte Same steckt in bis zu 10 cm langen, sichelförmigen Hülsen und ist der wirksamste Teil des Bockshornklees.

Insgesamt hat er anabole Wirkung, regt also den Appetit an und bewirkt durch den hohen Eiweiß-, Fett und Kohlehydratgehalt eine Zunahme des Körpergewichtes. Bei Angina und Zahnschmerzen hilft das Gurgeln mit Bockshornkleesamen; dem Gurgelwasser sollte allerdings Salbei beigemischt werden. Wirksam bei Stauchungen, Abszessen und Furunkeln ist das Breipflaster. Die Herstellung ist ganz einfach: aufgekochte Samenkörner trocknen lassen; vor dem Hartwerden wird dann die richtige Konsistenz erreicht. Der Brei soll einen halben Zentimeter dick aufgetragen und mit einem Leinentuch umwickelt werden. Nach dem Abkühlen öfter wechseln. Mit Essig vermischt, hat das Pflaster fast noch bessere Heilkräfte.

Vorkommen:	Süd- und Westasien; Mittelmeerraum; bis 1200 m Höhe
Beschreibung:	*Stengel*: rund, aufrecht, reich beblättert; *Blätter*: zu dreien an einem Stiel, oval; *Blüten*: in den Achseln der oberen Blätter sitzend; *Samen* in sichelförmiger, 10 cm langer Hülse; pfahlförmige *Wurzel*; unangenehmer *Geruch* und *Geschmack*
Offizinelle Teile:	Samen, blühende Sproßspitzen
Wirkstoffe:	ätherische Öle, Bitterstoffe, Saponin, Schleimstoffe, Cholin
Blütezeit:	April bis Juli
Sammelzeit:	August/September
Eigenschaften:	zuckersenkend, die Verdauung fördernd, tonisch, appetitanregend
Med. Anwendung:	*Tee* bei Altersschwäche, Bronchitis, Fieber, Appetitmangel, aber auch bei Diabetes *Gurgeln* bei Angina *äußerliche Anwendung*: *Auflagen* von zerquetschtem Samen bei Entzündungen *Pflaster* bei Distorsionen, Furunkeln, Abszessen
Dosierung und Zubereitung:	*Tee*: 1 EL Samen in 1/4 l Wasser 1/2 Tag stehen lassen; kurz aufkochen; täglich 3 Tassen trinken *Umschlag*: 100 g gemahlener Samen mit wenig Wasser vermischen.

Brennessel

Eselskraut, Scharfnessel
Urtica dioica, Urtica urens

Die Brennessel gehört zu den bekanntesten Kräutern in unseren Breiten; ein Rendezvous mit ihr bleibt unvergessen: Ursache für die brennenden Schmerzen und juckenden Quaddeln ist die Ameisensäure. Diese sitzt in den Brennhaaren auf den Blättern, wird bei Berührung frei und wirkt schon in geringsten Mengen (weniger als ein tausendstel Milligramm). Im welken Zustand brennen die Haare allerdings nicht mehr.

Aufgrund der stark brennenden Schmerzen bei der Berührung versuchte man früher, damit Hexen abzuwehren. Interessant ist auch, daß die Heilwirkung dieses Krautes bereits Dioskurides (griech. Arzt, 1. Jh. n. Chr.) bekannt war. Er wußte genau, bei welchen Erkrankungen die Brennessel einzusetzen ist, und an diesen Anwendungsgebieten hat sich bis heute kaum etwas geändert.

Die Brennessel, bei der man zwei Arten unterscheidet, besitzt zahlreiche gute und nützliche Eigenschaften. So wurde Rheumatismus seit alters her durch Peitschen der Haut mit Brennesselzweigen behandelt. Wissenschaftlich begründet sich die heilende Wirkung durch Gefäßerweiterung und vermehrte Durchblutung. Viele dieser Heilmethoden, beispielsweise auch das Einlegen von Brennesseln in die Schuhe, sind allerdings nicht mehr zu empfehlen. Zweifelhaft ist auch, ob sie den Stein in Nieren, Galle und Blase bricht, wie ältere Naturheiler teilweise noch behaupten.

Vorkommen:	in ganz Europa, auch in großen Höhen
Beschreibung:	*Höhe*: 60 – 140 cm; vierkantiger, aufrechter, unverzweigter *Stengel*; gegenständige, herzförmige, gestielte *Blätter* mit gezacktem Rand, Nebenblätter; *Brennhaare* an der Blattunterseite
Offizinelle Teile:	Blätter, blühendes Kraut, Wurzeln
Wirkstoffe:	Histamin, Lezithin, Eisen, Kalzium, Kieselsäure, Ameisensäure, Acetylcholin, Vitamin A, Sterole
Blütezeit:	Mai bis Oktober
Sammelzeit:	Juni bis September
Eigenschaften:	milchtreibend, harntreibend, adstringierend
Med. Anwendung:	*Tee* bei Bronchitis, Asthma, Rheuma, Verdauungsstörungen; Prostataleiden *Salat* zur Frühjahrskur *Haarwasser* bei Haarausfall
Dosierung und Zubereitung:	*Tee*: 2 TL Brennesselkraut (trocken) auf 1 Tasse Wasser; bis zu 2 Tassen täglich über mehrere Wochen einnehmen *Haarwasser*: 250 g zerhackte Wurzeln in 1 l Wasser und 1/2 l Weinessig 1/2 Stunde kochen; 1mal pro Woche den Kopf damit einreiben
VORSICHT!	Prostatabeschwerden vom Arzt abklären lassen. Bei Herz- und Nierenleiden, die mit Ödemen einhergehen, nicht anwenden!

Ehrenpreis

Allerweltsheil, Schlangenkraut, Männertreu
Veronica officinalis

Von der Heilkraft des Ehrenpreis konnten sich schon die alten Römer überzeugen, als sie nach Germanien vordrangen. Im Mittelalter wurde diese Pflanze als Wundermittel gepriesen, und ein Gelehrter schrieb damals über den Ehrenpreis eine 300 Seiten starke Abhandlung. Wenn man über jemanden sagt, er habe so viele gute Eigenschaften wie der Ehrenpreis, so ist das ein großes Kompliment. Die Blütenblätter fallen bei Berührung leicht ab, was zu der Bezeichnung „Männertreu" geführt hat; allerdings ist auch der Name „Frauenlist" gebräuchlich. Weil die fein geäderten Blätter einem strahlenden Angesicht gleichen, gaben die frühen Christen der Pflanze den Namen „Veronica", das heißt wahres Bild des Herrn.

Pfarrer Kneipp betonte die gute Heilwirkung des Ehrenpreis bei Erkrankungen der Luftwege, bei Rheuma und bei Blasenentzündungen. Der äußerst wirksame Extrakt wird folgendermaßen hergestellt: frische Blätter im feuchten Zustand durch den Entsafter pressen.

Wichtig: kühl lagern. Die wirksamsten Ehrenpreiskräuter wachsen an Waldrändern und unter Eichen. Sie müssen in Sträußen getrocknet werden.

Vorkommen:	trockene Böden, Wälder, Wegränder
Beschreibung:	*Höhe*: 10 – 20 cm; am Boden kriechender *Stengel*; kleine, gegenständige, kurzgestielte, behaarte, sägeblattähnlich konturierte *Blätter*; hochstehende blaue *Blüten*; *Frucht*: herzförmige, behaarte Kapsel
Offizinelle Teile:	Blüten, Blätter
Wirkstoffe:	Harz, Bitterstoffe, Saponin
Blütezeit:	Juni bis August
Sammelzeit:	Juli/August
Eigenschaften:	hustenstillend, blutreinigend, verdauungsfördernd
Med. Anwendung:	*Tee* bei Gicht und Rheuma, zur Blutreinigung, bei Altersjucken, Husten, Nervosität, Arterienverkalkung *Extrakt* bei Ekzem, Rheuma, Gicht *Umschläge* bei Wunden am Schienbein
Dosierung und Zubereitung:	*Tee*: 2 TL = 2 g auf 1 Tasse Wasser; bis zu 3 Tassen täglich zu sich nehmen *Umschläge*: 50 g auf 1 l Wasser; 10 min kochen lassen.

Eibisch

Heilwurz, Samtpappel, Weiße Pappel
Althaea officinalis

Der Eibisch gehört zu den Malvengewächsen und wird vor allem im Bereich des Thüringer Waldes auch heutzutage noch in Gärten angebaut. Wild kommt er hauptsächlich in Osteuropa und Sibirien vor. Der große, starke Stengel ist samtartig behaart. Die filzigen Blätter sind eiförmig, rund und gezähnt. In den Blatt-Achseln entspringen weiß-rote Blüten, die einem Doppelkelch ähneln. Die Staubbeutel sind violett.

Die Anwendung des Eibisch' wurde bereits von Dioskurides erwähnt, Karl der Große ließ ihn als Heilpflanze kultivieren, und Pfarrer Kneipp hat an sich selbst über längere Zeit die Wirkung des Tees bei Erkrankungen der Luft- und Harnwege erprobt.

Der Eibisch wirkt hauptsächlich infolge der in allen Pflanzenteilen enthaltenen Schleimstoffe. Eibischtee hat sich bei Blasenentzündungen, aber auch bei der Alltagskrankheit Schnupfen bewährt. Eibischblüten und -wurzeln, in Milch gesotten, ergeben einen Sirup (Schneckentee), der Kindern gegen Keuchhusten hilft. Falls bei Verbrennungen nichts Besseres greifbar ist, so bringt eine Auflage mit nassen Eibischblättern rasch Linderung.

Die Wurzeln sollen bei 35° Celsius getrocknet werden. Bei höheren Temperaturen werden Schleimstoffe und Stärke vernichtet. Leider wird diese Pflanze des öfteren vom Malvenrost befallen.

Vorkommen:	Europa, Asien; feuchte Gegenden; manchmal auch in Gärten angebaut
Beschreibung:	*Höhe* bis zu 2 m; *Stengel* filzig; *Blätter* grün, gestielt, 4- bis 5-lappig, rundlich; *Blüten*: weiß, rosa; *Same*: braun
Offizinelle Teile:	Wurzeln, Blätter
Wirkstoffe:	Schleimstoffe, ätherische Öle, Stärke, Pektin, Lezithin, Säuren
Blütezeit:	Juni bis August
Sammelzeit:	*Blätter*: Juni; *Wurzeln* im Spätherbst des zweiten Jahres
Eigenschaften:	schleimlösend, hustenbekämpfend, lytisch
Med. Anwendung:	*innerliche Anwendung*: bei Schleimhautentzündungen, Heiserkeit *Salbe* bei Ohrenschmerzen *Spülungen*: Mundhöhle, Scheide (nur mit Vorsicht) *Umschläge* bei Hauterkrankungen *Sirup* als Hustenmittel bei Kindern
Dosierung und Zubereitung:	*Tee*: 5 Teile Eibischwurzel, 4 Teile Huflattichblätter, 3 Teile Süßholz, 1 Teil Veilchenwurzel: 1 EL auf 1 Tasse Wasser; 1/4 Stunde bei mäßiger Hitze ziehen lassen; abseihen *Kaltauszug* (für Spülungen): 1 EL Droge auf 1/4 l Wasser; 12 Stunden ziehen lassen *Sirup*: 10 Teile Wurzeln bzw. Blätter mit 5 Teilen Alkohol in 1/2 l Wasser (bzw. Milch) 3 Stunden ansetzen; kurz aufkochen; reichlich süßen.

Engelwurz

Brustwurz, Gartenangelik
Angelica archangelica

Der echte Engelwurz kommt bei uns nur vereinzelt vor. Der Waldengelwurz *(Angelica silvestris; silva* = Wald) gedeiht bedeutend häufiger. Der echte Engelwurz ist durch seine großen, in 20 bis 25 Dolden angeordneten, von Bienen umschwärmten Blüten unverkennbar. Die zerriebenen Blätter haben einen stark aromatischen Geruch.

Eine Legende sagt, der Erzengel Gabriel habe dieser Pflanze die Heilkraft verliehen, und zur Zeit der großen Epidemien versuchte man mit ihr die Pest abzuwehren.

Das Pulver wird aus der zweijährigen Wurzel gewonnen. Zur Likörherstellung nimmt man 1 Teil Engelwurz und 2 Teile Salbei sowie eine Messerspitze Thymian und Majoran; das Ganze, 6 bis 8 Tage in Branntwein eingelegt, in den warmen Ofen stellen; anschließend 1 Pfund Zucker zufügen; vor dem Genuß allerdings noch verdünnen.

In nördlichen Ländern war der Engelwurz lange Zeit die einzige pflanzliche Speise. Auch heutzutage wird er dort gelegentlich noch als Gemüse gegessen.

Obwohl die Pflanze viele gute Wirkungen hat, hilft sie sicher nicht, wie lange behauptet, bei schweren Vergiftungen.

Beim Sammeln ist Vorsicht geboten: Der Engelwurz kann leicht mit dem Roßkümmel oder dem giftigen Schierling verwechselt werden!

Vorkommen:	in Europa, bevorzugt an feuchten Stellen
Beschreibung:	*Höhe* bis zu 2,80 m; *Stengel*: rötlich, verzweigt, kräftig, hohl; *Blätter*: dreifach gelappt mit heller Unterseite; *Blüten* hellgrün in vielen (20 – 25) großen, halbkugeligen Dolden; *Früchte* mit gewellten Flügeln; *Pfahlwurzel*
Offizinelle Teile:	Wurzel
Wirkstoffe:	Cumarin, Wachs, Harz, Gerbstoffe, Phellandren
Blütezeit:	Juni bis August
Sammelzeit:	*Blätter* Sommer; *Wurzel* Herbst
Eigenschaften:	schweißtreibend, tonisch, die Verdauung fördernd, appetitanregend
Med. Anwendung:	*Tee* bei Verdauungsstörungen, Blähungen *Pulver* bei Hautunreinheiten *Likör* bei Nervosität *Honig* in der Schwangerschaft
Dosierung und Zubereitung:	*Tee*: 1/2 TL Wurzelpulver auf 1 Tasse Wasser; kalt ansetzen; kurz aufkochen; 5 min ziehen lassen und täglich nicht mehr als 3 Tassen vor den Mahlzeiten *Pulver*: täglich mehrmals 1 Messerspitze einnehmen *Likör*: 50 g auf 1 l Branntwein.

Enzian

Bitterwurz, Kreuzwurz
Gentiana lutea

Von den über hundert Enzianarten kommen nur 39 im Alpengebiet vor. Der gelbe Enzian steht unter Naturschutz. Von dieser Pflanze sieht man lange Zeit nur eine krautartige Blattrosette, erst nach sieben Jahren kommt der Stengel zum Vorschein. Die Pflanze kann bis zu 50 Jahre alt werden. Typisch für den gelben Enzian sind die in den Blatt-Achseln sitzenden, in Scheindolden angeordneten gelben Blüten, von Blättern schützend umgeben.

Die Wurzeln sollen im Herbst ausgegraben, geschnitten und dann gebrannt werden. Dies ist nicht einfach, da Wurzelausläufer oft 1,5 m in den Boden reichen und mehrere Kilogramm schwer werden können. Die Pflanze steht allerdings ohnehin unter Naturschutz.

In Branntwein angesetzt, ergibt sich eine Tinktur, die ausgezeichnet bei Verdauungsschwäche hilft; bei Appetitlosigkeit nimmt man 1 Eßlöffel in 1/2 Glas Wasser; bei schwachen Nerven kann man 20 Tropfen auf Zucker einnehmen. Auch Enzianwein fördert die Verdauung. Gegen Fieber hilft er – obwohl dies verschiedentlich behauptet wird – allerdings nicht.

Als es noch keine chemischen Färbemittel gab, wurde der gelbe Enzian in der Textilverarbeitung verwendet. Die gelben Blüten ergeben einen kräftigen Farbton.

Vorkommen:	bis 3000 m Höhe; Almen, Bergwiesen
Beschreibung:	*Höhe* bis 1,5 m; *Stengel*: rund, glatt, hohl, aufrecht; *Blätter*: gegenständig, eiförmig, zugespitzt, fünfnervig, basal gestielt; *Blüte* gelb, teils rot gefleckt, in zehnblütigen Scheindolden; *Wurzel*: bitterer Geschmack
Offizinelle Teile:	Wurzeln
Wirkstoffe:	Bitterstoffe, Pectin, Vitamine, Farbstoffe
Blütezeit:	Juli/August
Sammelzeit:	Herbst
Eigenschaften:	verdauungsfördernd, beruhigend
Med. Anwendung:	*Tinktur, Tee, Wein* zur Appetitanregung, Verdauungsförderung, bei Nervenschwäche
Dosierung und Zubereitung:	*Tinktur*: 60 g Wurzeln 1 Woche in 50 ml 60 %igem Alkohol ziehen lassen; vor Genuß abseihen *Tee*: 2,5 g = 1 TL auf 2 Tassen Wasser; kurz aufkochen; 5 min ziehen lassen; 1 Stunde vor dem Essen 1 Tasse trinken *Wein*: 1 Wurzel in 2 l Rot- oder Weißwein 1 Woche ziehen lassen *Pulver*: 3mal täglich 1 Messerspitze
VORSICHT!	Hüten Sie sich vor einer Überdosierung, Übelkeit und Erbrechen können die Folge sein! Bei Magen- und Darmgeschwüren nicht anwenden.

Fenchel

Brotsamen, Frauenfenchel
Foeniculum vulgare

Der Fenchel, ein Doldenblütler, stammt aus dem Mittelmeergebiet. Bei uns konnte er in wilder Form nicht so richtig heimisch werden. Der Fenchel ist eine zweijährige Pflanze; im ersten Jahr werden nur die gefiederten, schmalen Blätter sowie die Wurzel gebildet, und erst im zweiten Jahr erreicht der Stengel seine Höhe von 2 m. Von einem nahen Verwandten, dem Dill, unterscheidet er sich durch die Früchte und die Blattscheiden; diese sind beim Fenchel doppelt so lang (5 – 6 cm). Es gibt darüber hinaus mehrere Fenchelarten mit unterschiedlichem Gewürzgehalt der Früchte, wobei das Spektrum von süß bis zu bitter reicht. Die knollenförmig aufgetriebenen Blattscheiden werden als Gemüse gegessen.

Wie jedem von uns bekannt ist, hat der Fenchel, besser gesagt die Früchte, einen stark würzigen Geschmack und einen aromatischen Geruch; daher auch seine Beliebtheit als Gewürzpflanze. Neben der Geschmacksverbesserung besitzt der Fenchel noch eine verdauungsfördernde Wirkung. Das Kochen mit Fenchel hat also noch einen weiteren positiven Aspekt.

Die ätherischen Öle sind krampflösend und harntreibend. Der Fencheltee, 3mal täglich 1 Tasse nach dem Essen, dient der Beruhigung; mit Schafgarbe gemischt, lindert er Leber- und Pankreasleiden. Kindern soll man 1 Teelöffel Fenchel mit 1 Tasse Milch zubereiten; mit Honig gesüßt, wird die beruhigende Wirkung noch verstärkt. Augenbäder sind öfters am Tage und außerdem kurz vor dem Schlafengehen zu machen.

Vorkommen:	Mittelmeergebiet
Beschreibung:	*Stengel*: verzweigt, kahl, glänzend; *Blätter*: nadelförmig, gestielt, blau-grün; *Blüten*: gelb, unscheinbar, klein, in großen Dolden angeordnet; *Wurzelstock*: kräftig, verholzt; *Früchte*: kornförmig, dunkelgrau, kahl
Offizinelle Teile:	reife Früchte, einjährige Wurzel, Blätter
Wirkstoffe:	Stärke, Alkaloide, Vitamine A, B, C, E, Mineralstoffe, ätherische Öle
Blütezeit:	Juni bis August
Sammelzeit:	Früchte: September/Oktober
Eigenschaften:	Die Verdauung regulierend, schleimlösend, diuretisch (harntreibend), spasmolytisch (krampflösend)
Med. Anwendung:	*Tee*: zur Beruhigung, bei Blähungen gleichzeitig mit Kümmel und Anis *Likör*: bei Verdauungsschwäche, Appetitmangel, Husten, Bronchitis
Dosierung und Zubereitung:	*Tee*: 2 g = 1 TL auf 1 Tasse Wasser, aufkochen, 10 min ziehen lassen *Likör*: 25 g Samen auf 1/2 l
VORSICHT!	Fenchelöl sollte von Säuglingen, Kleinkindern und Schwangeren nicht verwendet werden.

Frauenmantel

Taumantel, Muttergottesmantel
Alchemilla vulgaris

Der Frauenmantel ist stark mit religiösen Vorstellungen ver-
bunden. Zu Fronleichnam bindet man in manchen Gegenden
Kränze aus Frauenmantel, um den Herrgottswinkel zu schmük-
ken. Die Pflanze ist der Jungfrau Maria geweiht und wird
hauptsächlich bei Frauenleiden angewendet. Bei vorhergehen-
den Fehlgeburten wird Frauenmantel ab dem dritten Schwan-
gerschaftsmonat empfohlen. Der Schweizer Pfarrer Künzle
schreibt dazu: „Zwei Drittel aller Frauenoperationen werden
bei rechtzeitiger und langdauernder Anwendung dieses Heil-
krautes völlig überflüssig. Mancher geschlagene Witwer hätte
noch seine Frau, wenn er diese Gottesgabe rechtzeitig erkannt
hätte." Vor der Französischen Revolution glaubte man sogar,
der Frauenmantel könne die verlorene Jungfräulichkeit wieder
zurückbringen.

Eine Form des Frauenmantels, die in höheren Lagen wächst,
der Silbermantel, hilft vor allem bei Fettleibigkeit. Die Bezeichnung Taumantel rührt daher, daß in den voll entwickelten Blättern oft ein Wassertropfen (Tau) blinkt.

Vorkommen:	Gebirge, feuchte Wiesen, Wald- und Wegränder
Beschreibung:	*Höhe* 10 – 30 cm; fester, hellgrüner *Stengel*; gelbgrüne *Blüten*; *Kelch* mit 4 Blättern; 1 *Griffel*; halbkreisförmige, sieben- bis neunlappige *Blätter* mit langen Stielen; schwarzer, kräftiger *Wurzelstock*; säuerlicher *Geschmack*
Offizinelle Teile:	Blätter, Blüten
Wirkstoffe:	Säuren, Kohlenhydrate, Gerbstoffe
Blütezeit:	Mai bis Oktober
Sammelzeit:	Mai bis Juli
Eigenschaften:	wundheilend, beruhigend, entzündungshemmend, gegen Durchfall
Med. Anwendung:	als *Tee* bei Frauenleiden, Muskel- und Gliederschmerzen, Durchfall als *Bad* bei schwachen Kindern *Gurgeln* nach Zahnentfernung lokal bei langsam heilenden Wunden
Dosierung und Zubereitung:	*Tee*: 3 TL = 2 g auf 1 Tasse heißes Wasser; 5 min ziehen lassen; täglich 2 Tassen warm trinken *Gurgelwasser*: 100 g auf 1 l Flüssigkeit; 2 min kochen; 10 min ziehen lassen; abseihen *Umschläge*: 50 g Blätter und Blüten auf 1 l Wasser; 10 min kochen; täglich die Kompressen frisch tränken.
VORSICHT!	Durchfälle bei kleinen Kindern durch den Arzt behanden lassen!

Gamander

Edelgamander
Teucrium chamaedrys

Der Gamander wächst gerne an trockenen, warmen Orten auf kalkhaltigen Böden. Deshalb ist er in Südeuropa zu Hause. Der griechische Name *chamaedrys* weist auf die Ähnlichkeit der Blätter mit den Eichenblättern (*drys* = die Eiche). Der Gattungsname geht auf *Teucros*, einen griechischen Helden, zurück, der durch die Wirkung dieser Pflanze von einem schweren Leiden geheilt wurde. Die Heilkraft war schon den alten Römern bekannt. Plinius zum Beispiel empfahl Gamander bei unstillbarem Husten, und Karl V. soll die Pflanze wegen der guten Wirkung bei seinem Gichtleiden sehr hoch geschätzt haben.

Neben dem echten Gamander gibt es noch den Alpengamander (*Teucrium montanum*, auch Alpenbalsam genannt). Diese sehr niedrige Pflanze bedeckt große Flächen (wie ein Moos) und hat von allen Arten die stärkste Heilkraft. Der Gamander ist auch eine Gewürzpflanze. Er entfaltet besonders in Kartoffelgerichten sein Aroma.

Das Wirkungsspektrum des Gamanders ist breit: So fördert er die Verdauung, senkt das Fieber und heilt Wunden. Des weiteren kann er wegen seiner diuretischen Wirkung zur unterstützenden Therapie bei Ödemen verwendet werden. Er beseitigt außerdem Lungen- und Luftröhrenverschleimung. Bevorzugt wird bei längerem Gebrauch der Tee, der aromatisch, aber etwas bitter schmeckt. Auch zur Herstellung von Kräuterlikören ist er geeignet, die wegen ihrer stimulierenden und die Verdauung fördernden Wirkung weit verbreitet sind.

Vorkommen:	in Südeuropa bis 2000 m Höhe
Beschreibung:	*Höhe* bis 50 cm; ausdauernde Pflanze; *Stengel*: dünn, rötlich, anfangs kriechend, dann aufrecht; *Blätter*: ledrig, runzelig, dunkelgrün, glänzend, Unterseite filzig, gezähnt, kurz gestielt; *Blüten*: rosa, als Scheintraube in den Blatt-Achseln; braune *Früchte*; kriechender *Wurzelstock*; bitterer *Geschmack*; aromatischer *Geruch*
Offizinelle Teile:	Blätter, blühende Sproßspitzen
Wirkstoffe:	ätherische Öle, Gerb- und Bitterstoffe
Blütezeit:	Mai bis September
Sammelzeit:	Mai bis September
Eigenschaften:	schleimlösend, cholagogisch (galletreibend), die Verdauung fördernd, wundheilend, fiebersenkend, entzündungshemmend, hustenstillend
Med. Anwendung:	*Tee* bei Husten, Verdauungsschwäche, Fieber, Entzündungen, Leber- und Galleleiden, Verschleimung von Lunge und Bronchien
Dosierung und Zubereitung:	*Tee*: 2 g auf 1 Tasse; kurz aufkochen, 10 min ziehen lassen und trinken *Likör*: 5 g getrocknete Sproßspitzen in 50 ml 70 %igem Alkohol ansetzen; vor den Mahlzeiten 1 Schnapsglas zu sich nehmen.

Goldrute

Petersstab, Mägdehülle
Solidago virgaurea

Die echte Goldrute ist in Mitteleuropa heimisch. Eine andere Art, die Kanadische Goldrute, stammt aus Nordamerika. Die Indianer legten bei Klapperschlangenbissen diese Pflanze auf die betroffene Hautstelle. Die Goldrute wird bis zu 1 m hoch und trägt gelbe in Ähren angeordnete Blüten.

Bei den alten Griechen stand die Goldrute als Wundkraut in hohem Ansehen. Auch Martin Luther half sich mit dieser Pflanze. Leclerc betonte die harntreibende Wirkung und verwendete dieses Kraut bei Entzündungen des Magen-Darm-Traktes. Einen Wermutstropfen enthält der Becher der Freude über die vielen guten Heilwirkungen allerdings: Die Pollen sind eine der Hauptursachen des Heuschnupfens.

Bei übermäßigem Genuß kann außerdem die vorhandene Oxalsäure zur Bildung eines schwer löslichen Kaliumhydrogenoxalatkomplexes mit nachfolgender Senkung des Kalziumspiegels führen. Krämpfe und Lähmungserscheinungen sind die Folge. Bei Stoffwechselerkrankungen und Nierensteinen muß man die Pflanze meiden. In Kupfergefäßen darf sie nicht zubereitet werden.

Die Goldrute ist bei Durchfall und Entzündungen im Urogenitaltrakt zu empfehlen. Der Tee schmeckt allerdings sehr bitter; deshalb Salbei, Tausendgüldenkraut oder Wacholder zufügen. Einen Goldrutenwein muß man fünf Tage ziehen lassen. Mit Schweineschmalz vermischt, läßt sich eine früher oft verwendete Wundsalbe zubereiten.

Vorkommen:	Wälder, Gebüsche, Weiden
Beschreibung:	*Stengel*: aufrecht; *Blätter*: lanzettförmig, gesägt, gestielt; *Blüten* gelb, in einer Ähre angeordnet; kräftiger *Wurzelstock*, bitterer *Geschmack*
Offizinelle Teile:	Kraut
Wirkstoffe:	Gerbstoffe, ätherische Öle, Farbstoffe, Flavonoid, Zitronensäure, Oxalsäure
Blütezeit:	Juli bis September
Sammelzeit:	Juli bis September
Eigenschaften:	harntreibend, entzündungshemmend
Med. Anwendung:	*Tee* zur Blutreinigung, bei Nierenbeckenentzündung, Durchfall *Gurgelwasser* bei Angina
Dosierung und Zubereitung:	*Tee*: 2 TL auf 1 Tasse Wasser; 5 min ziehen lassen, dann kurz aufkochen; täglich 3 Tassen trinken *Gurgeln*: mit kaltem Tee *Wein*: 1 Messerspitze Pulver 1 Nacht in 1 Glas Weißwein ziehen lassen
VORSICHT!	Wenn Sie chronisch nierenkrank sind, vor der Anwendung den Arzt fragen!

Habichtskraut

Nagelkraut
Hieracium pilosella

Das Habichtskraut ist eine ausdauernde, zähe Pflanze aus der Familie der Korbblütler. Vom Unkundigen wird es leicht mit dem blühenden Löwenzahn verwechselt; es ist jedoch viel kleiner. Angeblich soll der Habicht (*hierax*) durch den Genuß dieses Krautes seine gute Sehkraft bekommen. Es gibt über 100 Sorten, die gut in trockenen, sonnigen Lagen gedeihen.

Die Pflanze wird im frühen Mittelalter erstmals erwähnt, wobei die heilige Hildegard von Bingen dieses Heilkraut zur Schärfung der Gedanken schätzte. Auch Mönche in Südfrankreich tranken während der Fastenzeit regelmäßig 1 Tasse Habichtskrauttee. Martin Luther konnte durch regelmäßigen Gebrauch einen drohenden Verfall des Augenlichts verhindern.

Das Habichtskraut hat, wie gesagt, viele gute Eigenschaften. Der Saft schärft die Sehkraft. Aber bei Bluterbrechen hilft es, wie manche Naturheiler meinen, sicher nicht. In diesem Fall kann nur die sofortige fachärztliche Untersuchung die Ursache klären und gegebenenfalls Abhilfe schaffen. Bei Anämie dagegen hat sich Habichtskrautpulver, mit einem weichen Ei vermischt, bewährt. Ein Schnupftabak daraus, in der richtigen Prise genossen, erhält einen klaren Kopf. Ein Pflaster soll gegen Hämorrhoiden helfen.

Vorkommen:	in Europa bis in größere Höhen
Beschreibung:	*Höhe* bis zu 20 cm; *Stengel* blattlos, behaart; grundständige *Blattrosette*; *Blätter* länglich, filzig; *Blütenköpfe* goldgelb, auf der Unterseite teilweise rostbraun, Zungenblütler; *Geschmack* bitter
Offizinelle Teile:	Pflanze, Saft
Wirkstoffe:	Schleimstoffe, Harz, Spurenelemente, Umbelliferon
Blütezeit:	Mai bis September
Sammelzeit:	Spätsommer
Eigenschaften:	adstringierend, entzündungshemmend, harn- und galletreibend
Med. Anwendung:	*Tee* bei Bettnässen, Bluthochdruck, schlechten Augen *Wein* zum Gurgeln bei Zahnschmerzen, bei Epilepsie, bei Durchfall *Pulver* bei Anämie *äußerliche Anwendung*: bei Ohrenschmerzen, Ohrensausen
Dosierung und Zubereitung:	*Tee*: 2,5 g auf 1 Tasse; 20 min ziehen lassen; täglich 3 Tassen zwischen den Mahlzeiten nehmen *Wein*: 100 g auf 1 l Weiß- oder Rotwein; kurz aufkochen; 3 Tage stehen lassen *Pulver*: täglich 1 Messerspitze.

Hauswurz

Dachwurz, Hauslauch
Sempervivum tectorum

Der Hauswurz gehört zur Familie der Dickblattgewächse. Seine Heimat ist Südeuropa. Bei uns ist er nur ganz vereinzelt anzutreffen. Bevorzugt wächst er auf kalkarmen Böden in größeren Höhen. Der lateinische Name, wörtlich übersetzt, heißt: „Immer auf Dächern lebend". Und in der Tat ist er dort gerne gesehen, da der Volksglaube meint, er schütze vor Blitzschlag.

Die bodenständigen, fleischigen Blätter bilden eine Rosette. Der Stengel ist dicht mit dachziegelartig übereinandergreifenden Blättern versehen. Aufgrund der stark wasserhaltigen Blätter kann die Pflanze längere Trockenperioden ohne weiteres überwinden. Da sie vom Aussterben bedroht ist, steht sie in einigen Ländern bereits unter Naturschutz.

Wichtig ist, daß man den Hauswurz nur im frischen Zustand verwenden soll. „Er läßt sich sowenig dörren wie Butter", sagt Pfarrer Künzle. Eingenommen sollen die Blätter, in Milch gekocht und mit Weinstein versetzt, das Bettnässen vertreiben. Des weiteren empfiehlt man den Hauswurz bei Verdauungsbeschwerden. Auflagen lindern den Schmerz bei Stauchungen und Venenentzündungen und wirken aber auch bei Insektenstichen, Warzen und unreiner Haut. Bei Ohrenweh kann man sich vorsichtig einige Tropfen Saft in den Gehörgang träufeln. Vorher sollte man allerdings den Facharzt konsultieren. Angeblich soll der Hauswurz auch Sommersprossen vertreiben.

Vorkommen:	bis 3 000 m, auf Dächern, Felsen, Mauern
Beschreibung:	*Höhe* bis 50 cm; ausdauernde Pflanze; *Blüten*: rotweiß gestreift, kurz gestielt, in Dolden, ca. 15 Kelchblätter; *Früchte* mit zahlreichem Samen; verzweigter *Wurzelstock*; *Geschmack* sauer
Offizinelle Teile:	Blätter, Saft
Wirkstoffe:	Gerb- und Bitterstoffe, Harze, Schleimstoffe, Apfelsäure
Blütezeit:	Juni bis August
Sammelzeit:	Juni bis August
Eigenschaften:	spasmolytisch, die Wundheilung fördernd, schmerzstillend, die Menstruation regulierend
Med. Anwendung:	*innerliche Anwendung*: bei Bettnässen, Verdauungsbeschwerden, Menstruationsstörungen *Saft* bei Ohrenschmerzen *Auflage* bei Distorsionen, Krampfadern, Venenentzündungen, Warzen, Verbrennungen
Dosierung und Zubereitung:	*Tee*: 3 g Droge auf 1 Tasse kochendes Wasser; täglich 1 Tasse über 2 bis 3 Wochen trinken *Aufguß*: 100 g auf 1 l siedendes Wasser; 10 min ziehen lassen; alle 2 Stunden ein Glas nehmen *Saft*: 2 – 3mal pro Tag 1 TL
VORSICHT!	Die Pflanze steht in der Schweiz unter Naturschutz!

Heilziest

Betonie, Echter Ziest
Betonica officinalis

Der Heilziest, auch Betonie genannt, wächst an trockenen, sonnigen Orten. Der Stengel ist vierkantig, behaart und nur schwach beblättert. Die bodenständigen Blätter haben ein herzförmiges Aussehen, die Stengelblätter sind sehr kurz gestielt. Die purpurrote Blüte an der Stengelspitze ist in einer Scheinähre angeordnet. Die Pflanze hat einen eigentümlich saueren Geschmack, der Verzehr des Wurzelstockes kann Brechreiz erzeugen.

Der Heilziest genoß schon im Altertum einen guten Ruf als Heilpflanze; der Leibarzt des Kaisers Augustus hat sich ausführlich mit diesem Kraut befaßt.

Die Hauptapplikationsform des Heilziest ist der Tee, der gut bei nervösen Beschwerden, Verdauungsschwächen und Gelbsucht (Ikterus) hilft; er muß ausreichend gezuckert werden. Ältere Naturheiler empfehlen den Tee auch bei anderen schweren Krankheiten. Hier kann aber nur der Besuch beim Schulmediziner Abklärung herbeiführen. Man kann die Blätter auch in Wein ziehen lassen. Bei Epilepsie und Bluterbrechen darf dieses Getränk nur nach ärztlicher Erlaubnis eingenommen werden.

Bei Kopfweh (Kater) kann man sich einige frische Blätter in den Hut legen. Zerquetschte Blätter reibt man sich auf verstauchte Gelenke. Gegen Ohrenschmerzen hilft der Saft, vermischt mit Rosenöl. Die getrockneten Blätter ersetzen den teuren Tabak und erleichtern die Raucherentwöhnung.

Vorkommen:	Wälder, Wiesen, Heiden
Beschreibung:	*Höhe* bis 50 cm; aufrechter, kantiger, behaarter *Stengel*; *Blätter*: länglich, eiförmig, runzelig; *Blüte*: hochrote Scheinähre; kurzer *Wurzelstock*; saurer *Geschmack*
Offizinelle Teile:	Blätter
Wirkstoffe:	Bitterstoffe, Gerbstoffe
Blütezeit:	Juni bis August
Sammelzeit:	Juni/Juli
Eigenschaften:	adstringierend, appetitanregend
Med. Anwendung:	*Tee* bei Schwindel, Nervosität, Fieber, Verdauungsschwäche, Gelbsucht *Wein* bei Epilepsie, Appetitmangel, Verdauungsschwäche, Leberleiden *Auflage* bei Gelenkverstauchungen *Tropfen* bei Ohrenschmerzen
Dosierung und Zubereitung:	*Tee*: 2 g auf 1 Tasse; kurz aufkochen; 5 min ziehen lassen *Wein*: 60 g Blätter in 1 l Rotwein 15 min kochen, abseihen, kalt trinken *Auflage*: 50 g Blätter in wenig Wasser 10 min kochen, dann auflegen *Ohrentropfen*: 4 – 5 Tropfen alle 2 Stunden in den äußeren Gehörgang träufeln
VORSICHT!	Wurzel nicht zum Verzehr geeignet.

Hirtentäschel

Blutkraut, Herzelkraut
Capsella bursa pastoris

Kaum wird irgendwo ein Erdhügel aufgeworfen, schon ist das Hirtentäschel da. Sobald die Frostzeit vorüber ist, grünt diese Pflanze. Das Hirtentäschel gehört zur Familie der Kreuzblütler. Die blutstillende Wirkung dieser Pflanze wurde erstmals im „Gart' der Gesundheit" (1485) erwähnt. „Dies Kraut gesotten und damit gegurgelt heilet allerlei halsgeschwer", schrieb ein Gelehrter ein Jahrhundert später. Nach langer Zeit der Vergessenheit erlebte dieses Kraut in den Kriegsjahren ab 1939 eine Renaissance.

Den Namen hat es von den vielen taschenförmigen Schoten, in die nach dem Volksglauben der liebe Gott heilende Kräuter gelegt haben soll. Besonders die blutstillende Wirkung ist landauf, landab bekannt. Bei Nasenbluten kann man sich einen Wisch um den Hals binden. Während des Zweiten Weltkriegs versuchte man damit Kriegsverletzungen zu heilen. Bei Frauen soll es den übermäßigen Geschlechtstrieb bekämpfen.

Als Geheimrezept bei Glieder- und Muskelschwund gilt, falls andere Therapieformen nicht helfen: mehrmals täglich mit kleingeschnittenem Hirtentäschel, das 10 Tage in Alkohol angesetzt wurde, einreiben. Ergänzend dazu Frauenmanteltee trinken.

Das getrocknete Kraut soll man in dunklen Gläsern aufbewahren.

Vorkommen:	Wiesen, Brachland, frisch geackerte Felder
Beschreibung:	*Stengel* bis 40 cm, aufrecht; rosettenförmige, bodenständige *Blätter*; schmutzigweiße *Blüten*, traubenförmig; *Frucht*: dreieckige Schötchen, einer Hirtentasche ähnlich
Offizinelle Teile:	Kraut (ohne Wurzel)
Wirkstoffe:	Cholin, Kalium, Tyramin, Flavone
Blütezeit:	März bis November
Sammelzeit:	April bis September
Eigenschaften:	blutstillend, vasokonstriktiv
Med. Anwendung:	*Tee* bei Blutungen aller Art (auch klimakterischen Blutungen); hoher und niedriger Blutdruck, Periodenproblemen *Auflage* bei geschwollenen Brüsten in der Stillzeit
Dosierung und Zubereitung:	*Tee*: 1 g getrocknetes oder 4 g frisches Kraut auf 100 ml kochendes Wasser; 4 min ziehen lassen *Absud*: 4 TL auf 100 ml Alkohol *Auflage*: in Tee getränkte Kompressen *Saft*: bis zu 20 g täglich trinken
VORSICHT!	Bei Darmeinläufen mit Absud sowie bei Leistenbruch nicht ohne ärztlichen Rat anwenden.

Huflattich

Roßhub, Fohlenfuß, Eselsfuß
Tussilago farfara

Der Huflattich ist wohl das älteste Hustenmittel. Die alten Griechen inhalierten bei Asthma den Rauch der angezündeten Blätter. Von den Ärzten des Altertums bis zu Pfarrer Kneipp herrscht über den Huflattich einhelliges Lob.

Er gilt außerdem als der erste Frühlingsbote. Seine gelben Blüten kommen vor den Blättern, bereits im März/April, aus der Erde. Die Pflanze gedeiht in großer Zahl an lehmigen Orten.

Der deutsche Name weist auf die Form der Blätter hin; die lateinische Bezeichnung *tussilago* (*tussis* = Husten) besagt, daß die Droge ausgezeichnet bei Erkrankungen der Atemwege wirkt. Der Salat wird wegen des Vitamin-C-Gehaltes geschätzt.

Gedörrte Huflattichblätter ergeben in Mischung mit Minze und Waldmeister einen wohlriechenden und unschädlichen Tabak. Dieser kann bei Atemwegserkrankungen als Zigarette oder in der Pfeife geraucht werden. Für die Sirupzubereitung hat sich folgendes Geheimnis überliefert: Ein mit Huflattichblättern und Zucker gefülltes Glas wird im Garten vergraben. Nach acht Wochen preßt man den Inhalt aus und kocht den Sirup auf.

Da Blätter und Blüten leicht schimmeln, müssen sie trocken gelagert und schnell aufgearbeitet werden.

Vorkommen:	in Europa auf lehmigen Böden und an Bächen
Beschreibung:	*Höhe* bis 30 cm; grundständige, gestielte, derbe, vieleckige *Blätter*; goldgelbe *Blüten*; aufrechte Blütenschäfte mit rotgrünen Schuppenblättern; *Frucht* mit seidigen Haaren
Offizinelle Teile:	Blätter
Wirkstoffe:	Salpetersäure, Vitamin C, Bitterstoffe, Inulin, Gallussäure, Pyrrolizidin-Alkaloide
Blütezeit:	März/April
Sammelzeit:	*Blüte*: Mai; *Blätter*: Mai bis Juli
Eigenschaften:	schleimlösend, schweißtreibend, sedativ
Med. Anwendung:	*Tee* und *Inhalation* bei Erkrankungen der Atemwege – Bronchitis, Asthma
Dosierung und Zubereitung:	*Tee, Inhalation*: 1 1/2 TL auf 1 Tasse kochendes Wasser; 10 min kochen lassen; warm trinken bis zu 2 Tassen täglich bzw. inhalieren *Auflage*: Kompressen in Tee tränken *Saft*: 2mal 2 EL täglich
VORSICHT!	Huflattichzubereitungen sollen wegen des Pyrrolizidin-Alkaloid-Gehaltes nur kurzfristig und insgesamt nicht länger als 4 – 6 Wochen im Jahr angewendet werden. Im Zweifel Arzt oder Apotheker fragen!

Isländisch Moos

Isländisch Moos
Cetraria islandica

Das Isländisch Moos, eine blüten-, blatt- und wurzellose Pflanze, ist eigentlich kein Moos, sondern eine Flechte. Es ist in den Gebirgen Nordeuropas und Nordamerikas heimisch, bei uns wächst es in den Mittelgebirgen.

Das Isländisch Moos ist aus zwei Organismen, einer Algen- und einer Pilzart, aufgebaut. Die Pflanze besteht aus Lappen, die auf der Oberseite dunkel-, auf der Unterseite hellbraun sind. Die Lappen haben fingerförmige Ausläufer, die Ränder sind eingerollt und mit Stacheln besetzt. Bei Feuchtigkeit ist die Flechte glitschig-elastisch, bei Trockenheit spröde und zerbrechlich. Ihr Geruch ist tangartig, der Geschmack bitter.

Das Isländisch Moos hat viele gute Heileigenschaften; es fördert den Appetit und regt die Verdauung an. Daneben hilft es bei Bronchitis und Lungenentzündung. Wegen seiner guten Wirkung bei Hustenreiz wird es in der Kinderarztpraxis genutzt. Da die Flechte sehr bitter schmeckt, sollte man bei der Teezubereitung erst die zweite Abkochung zu sich nehmen.

In Island und Norwegen bereitet man aus der Pflanze ein schmackhaftes Brot. Als Kunst gilt die Geleezubereitung; aber auch Bonbons kann man daraus herstellen.

Vorkommen:	Nordeuropa, Nordamerika, bis in große Höhen, Moore
Beschreibung:	*Höhe* bis 15 cm, aus Lappen aufgebaut, mehrfach verzweigt, fingerförmige Ausläufer, eingerollte Ränder, mit Zähnchen besetzt; Oberseite dunkelbraun, Unterseite hellbraun-weiß
Offizinelle Teile:	ganze Flechte
Wirkstoffe:	Schleim- und Bitterstoffe, Säuren, Vitamine
Blütezeit:	April bis Oktober
Sammelzeit:	April bis September
Eigenschaften:	appetitanregend, krampflösend, antitussiv
Med. Anwendung:	*Tee* bei Hustenreiz, Verdauungsschwäche, Schleimhautentzündungen *Auflage* bei Akne
Dosierung und Zubereitung:	*Tee*: 1 Handvoll Flechte 8 Stunden einweichen, abbrühen, Brühwasser wegschütten; von der Substanz 3 TL = 2,5 g auf 2 Tassen Wasser; kurz aufkochen; 10 min ziehen lassen; täglich 2 Tassen trinken *Auflage*: in Tee getränkte Kompressen; abgebrühte Flechte
VORSICHT!	Eine Tagesdosis von 4 – 6 g soll nicht überschritten werden. Bei der Teezubereitung niemals längere Zeit kochen!

Johanniskraut

Herrgottsblut, Johannesblut
Hypericum perforatum

Zerdrückt man die voll aufgegangene gelbe Blüte des Johannis-
krauts, so fließt ein roter Saft heraus, der vom Volksglauben
als Blut aus den Wunden Christi gedeutet wurde; und in der
Tat ist das Öl aus Johanniskraut ein gutes, heilsames Wundöl.
Die Legende sagt weiterhin, daß das Leben des heiligen Johan-
nes durch das Kraut gerettet wurde. Als nämlich Verräter dieses Kraut als Kennzeichen an die Haustüre des Apostels steck-
ten, erblühte es plötzlich wie durch ein Wunder und täuschte
die Verfolger.

Im deutschen Volksglauben spielte die Pflanze eine bedeutende
Rolle als Hexen- und Gewitterschutzkraut; außerdem sagte
man ihm aphrodisische, also die Liebesfähigkeit stärkende Eigenschaften nach. Auch hellseherische Kräfte werden ihm zu-
geschrieben: In der Johannisnacht werden Zweige auf den Boden gestreut; sie zeigen den jungen Mädchen, ob demnächst
eine Hochzeit stattfinden wird. Ebenso verschont es das Vieh
vor Krankheiten.

Das Johanniskraut ist sehr genügsam. Die Blätter sind mit vielen kleinen Öldrüsen durchsetzt und erscheinen im Gegenlicht
wie durchlöchert; daher der französische Name Millepertius,
was soviel wie tausendfach durchbohrt bedeutet.

Vorkommen:	Äcker, Wald- und Wegränder, Wiesen; bis 2 200 m
Beschreibung:	*Höhe* 25 – 60 cm; runder *Stengel* mit 2 Längskanten; *Blätter* gegenständig, elliptoid, glattrandig mit schwarzen Punkten; goldgelbe *Blüten*, 5 Kelchblätter; verästelter *Wurzelstock*
Offizinelle Teile:	Blätter, Blüten
Wirkstoffe:	ätherische Öle, Gerbstoffe, Fett
Blütezeit:	Juli bis September
Sammelzeit:	Juli/August
Eigenschaften:	antiseptisch, sedativ, wundheilend, antidepressiv
Med. Anwendung:	Als *Tee* bei nervösen Beschwerden, Nachtwandeln, Bettnässen, unregelmäßiger Periode *Öl* bei Schrunden und Hexenschuß sowie Sonnenbrand
Dosierung und Zubereitung:	*Tee*: 4 TL Blüten und Blätter = 3,0 g auf 1 Tasse Wasser; kurz aufkochen; warm trinken *Öl*: frische Blumen 10 – 14 Tage in Oliven- oder Leinöl ansetzen, Blumen nach dieser Zeit erneuern, und zwar so lange, bis das Öl eine blutrote Farbe annimmt
VORSICHT!	Besonders bei hellhäutigen Menschen kann Johanniskraut eine Lichtallergie hervorrufen.

Kalmus

Magenwurz
Acorus calamus

Diese Pflanze liebt die nasse Umgebung; sie wächst an Verlandungszonen und träge fließenden Gewässern. Der Name kommt vom griechischen *kalmos* = Schilf. Der Kalmus fällt durch die hohen schwertförmigen Blätter und den grün-braunen Blütenkolben auf. Der Wurzelstock wird bis zu 1,20 m lang.

Die Pflanze wurde von den Tataren aus Asien nach Osteuropa gebracht; sie diente bei diesem Volksstamm zur Sauberhaltung des Trinkwassers.

Der Kalmus riecht nach Mandarinen, sein Geschmack ist bitter. Wegen der Bitterstoffe wird er Kräuterlikören und Bitterschnäpsen zugesetzt. Auch Seifen und Parfüms enthalten Kalmusöl.

Mit der getrockneten Wurzel, langsam gekaut, kann man sich das Rauchen abgewöhnen. Der Tee muß zur Erzielung einer Heilwirkung nicht nur Wochen, sondern Monate und sogar Jahre getrunken werden. Pulver, Extrakt und Tinktur gibt es fertig in der Apotheke zu kaufen.

Bei Blähungen und Verstopfungen ist folgende Mischung zu empfehlen: 1 Teil Kalmus, Pfefferminze, Wacholderbeeren und Salbei, 2 Teile Sennesblätter, Süßholz und Schafgarbe, 4 Teile Schlehdornblüten und 6 Teile Kümmel; morgens und abends eine Tasse von diesem Tee hilft bestimmt.

Vorkommen:	Tümpel, Sümpfe, Ufer, feuchte Wiesen
Beschreibung:	kräftiger *Wurzelstock*; schwertförmige *Blätter*, zweizeilig; mehrere hundert kleine grünliche *Blüten*, an einem langen, aufwärtsstehenden Blütenkolben
Offizinelle Teile:	Wurzel
Wirkstoffe:	Bitterstoffe, Cholin, Glykoside, Harz, Stärke
Blütezeit:	Mai bis August
Sammelzeit:	Oktober
Eigenschaften:	appetitanregend, blutstillend, schweißtreibend, desinfizierend
Med. Anwendung:	*Saft* bei Augenleiden *Wurzeltee* bei Schwäche der Verdauungsorgane, Blähungen, Koliken, zur Abmagerung *Bäder* bei Erfrierungen *Wurzelöl* bei Gedächtnisschwäche, Depression und äußerlich bei Haarausfall
Dosierung und Zubereitung:	*Tee*: 2 g = 1 1/2 TL der geschnittenen Wurzel auf 1 Tasse Wasser als Tagesgabe; kurz aufkochen *Wurzelöl*: 2 – 3mal täglich 1/2 TL *Bäder*: 250 g Wurzelpulver auf 1 Vollbad; bei Teilbädern entsprechend weniger
VORSICHT!	Nicht bei Magen- und Darmgeschwüren anwenden! Kalmus sollte nicht selbst gesammelt werden, da einige Arten einen Stoff enthalten, der Krebs fördern kann.

Kamille, Echte

Kindbettblume, Lungenblume
Matricaria chamomilla

Die Kamille gilt weithin als Symbol für Heilung und Linderung schlechthin. Sie ist bei Ärzten ebenso angesehen wie bei Patienten. Die Pflanze gehört zur Familie der Korbblütler.

Der deutsche Botaniker Hieronymus Bock (1498 – 1554) schrieb: „Die chamill ist der doktor rezipe eins; es ist bei allen menschen kein bräuchlicher kraut in der arztnei als eben chamillenblumen." Die Römische Kamille ist in West- und Südeuropa zu Hause; sie wirkt ähnlich wie die echte Kamille.

Wichtig ist, daß die Wirkstoffe der Kamille direkt mit dem betroffenen Körperteil in Berührung kommen. So ist bei Hämorrhoidalleiden ein Sitzbad viel wirksamer als ein Tee. Die Kamille kann erst nach dem Kochen ihre ganze Kraft entfalten, da das inaktive Pro-Azulen C erst bei höheren Temperaturen in das wirksame Azulen umgewandelt wird. Überdosierungen müssen vermieden werden; bei starken Verdünnungen (0,005 %) dagegen werden die Bakterien noch abgetötet.

Die Kamillenblüten sollten nur bei trockenem Wetter geerntet und dann rasch, in dünnen Schichten ausgebreitet, getrocknet werden.

Vorkommen:	Europa, Asien; an Äckern, Wegrändern
Beschreibung:	*Höhe* 10 – 30 cm; *Stengel* gefurcht, unbehaart, Verzweigung in mehrere Äste; doppelgefiederte *Blätter*; würzhafter *Geruch*, bitterer *Geschmack*; *Strahlenblüte* weiß, *Scheibenblüte* gelb
Offizinelle Teile:	Blütenköpfchen ohne Stiele
Wirkstoffe:	ätherische Öle, Pro-Azulen C, Bitterstoffe, Glykoside, Cholin, Säuren, Terpene, Kalium
Blütezeit:	Mai bis August
Sammelzeit:	Juni/Juli
Eigenschaften:	schmerzlindernd, krampfstillend, antiseptisch, menstruationsregulierend
Med. Anwendung:	*Gurgeln* bei Zahnkrankheiten *Tee* bei Kolik, Magengeschwüren, Rheuma, Menstruationsbeschwerden, Nieren- und Blasenschmerzen *Inhalation* bei Schnupfen, Erkältung, Nebenhöhlenentzündungen *Sitzbäder* bei Hämorrhoiden *Umschläge* bei Entzündungen
Dosierung und Zubereitung:	*Tee*: 1,5 g = 2 TL auf 1 Tasse kochendes Wasser; kurz ziehen lassen; bis zu 4 Tassen täglich schluckweise trinken *Gurgelflüssigkeit*: 1 EL auf 1/2 l Wasser *Bäder*: 100 g Blüten mit 1 l Wasser als Aufguß zubereiten, dann dem Vollbad zusetzen.

Labkraut

Herrgottsstroh
Galium verum, Galium aparine,
Galium mollugo

Vom Labkraut gibt es drei Arten: das weiße Labkraut, das wahre Labkraut und das Klettenlabkraut. Letzteres wird als Unkraut bekämpft. Die mit Widerhaken besetzten Früchte des Klettenlabkrautes haften gut an der Kleidung. Durch seine Anhänglichkeit will es, so sagt man, sinnbildlich auf seine Heilkraft aufmerksam machen. Die gelben Blüten duften nach Honig.

Der Hauptwirkstoff, das Labenzym, läßt die Milch gerinnen. Diese Eigenschaft kommt auch im Gattungsnamen *Galium* zum Ausdruck. Das griechische Wort *gala* heißt nämlich Milch. Labkraut wird in der Geburtshilfe verwendet und bei schwieriger Geburt ins Bett gelegt. Daher auch der Name „Bettstroh der Jungfrau Maria".

Bei Zungenkrebs soll es wahre Wunder wirken, wenngleich die Anwendung hier sehr umstritten ist. Bei Nierenleiden empfiehlt sich eine Teekur mit Labkraut, das zu gleichen Teilen mit Waldgoldrute und gelber Taubnessel angesetzt wurde.

Da die Pflanze schnell schwarz wird und ihre Heilkraft verliert, soll sie höchstens einen Monat aufbewahrt werden.

Vorkommen:	Wiesen, Hänge, Schutthalden, Heide, Dünen
Beschreibung:	*Echtes Labkraut*: *Höhe* 30 – 100 cm; aufrechter, kahler, runder *Stengel*; *Blätter*: schmal, spitz, in Quirlen angeordnet, Ränder eingerollt; *Blüten*: gelb, in Rispen an der Stengelspitze; *Frucht*: glatt, klein; kriechender *Wurzelstock*
Offizinelle Teile:	Kraut mit Blüten
Wirkstoffe:	Labenzym, Fette, Vitamin C
Blütezeit:	Juni bis September
Sammelzeit:	Juni bis Oktober
Eigenschaften:	harntreibend, krampflösend
Med. Anwendung:	*Tee* bei Nieren-, Leber-, Milz-, Pankreaserkrankungen *äußerliche Anwendung*: bei Furunkeln und anderen Hautentzündungen
Dosierung und Zubereitung:	*Tee*: 1 g Droge auf 1 Tasse; kurz aufkochen; 5 min ziehen lassen; täglich 2 Tassen zu sich nehmen *Aufguß*: 30 g Blüten auf 1 l kochendes Wasser; kurz ziehen lassen; *Umschläge*: Kompressen in Aufguß tränken.

Lavendel

Lavendel
Lavandula officinalis

Der Lavendel, eine Pflanze der Familie der Lippenblütler und ein Verwandter des Rosmarins, ist im Mittelmeerraum heimisch. Jeder Reisende kennt diese Staude mit den dichtgedrängten Stengeln, den dunkelblauen Blüten und dem aromatischwürzigen Geruch. Die Pflanze wird teilweise zur Gewinnung von Lavendelöl großflächig kultiviert. Dieses Öl ist eine Grundsubstanz bei der Herstellung von Seifen, Shampoos oder auch von Kölnisch Wasser.

Die heilige Hildegard bezeichnete diese Pflanze als ein Muttergotteskraut, das den übermäßigen Geschlechtstrieb bekämpft. Lonitzer (dt. Botaniker, 1528 – 1586) betrachtet den Lavendel als ein Wundermittel gegen Läuse und „alle gebresten des hirns, so von kälte kommend".

Die beste Heilwirkung entfaltet der Lavendeltee bei Kopfschmerzen, Nervosität und Schlafstörungen. Ein Aufguß hat eine ausgezeichnete Wirkung bei allgemeiner Nervenschwäche; aber auch Schweißneigung und unangenehmer Körpergeruch werden mit Lavendel bekämpft. Eine Einreibung mit Lavendelöl ist angezeigt bei Hämatomen, Gelenkzerrungen und Stauchungen. Dieses Öl kauft man am besten fertig in der Apotheke. In Essig gekocht, vertreibt Lavendel Zahnschmerzen und Zahnfleischentzündungen. Auflagen aus Blüten wirken bei manchen Menschen mit starken Kopfschmerzen wahre Wunder.

Lavendel ist mit Jod und Eisen unverträglich. Die Blüten sollen noch vor dem Aufblühen gepflückt und gesammelt werden. Zum Trocknen empfiehlt sich ein schattiger, gut belüfteter Ort.

Vorkommen:	Mittelmeerraum, sonnige Gegenden, kalkreiche Böden
Beschreibung:	*Höhe* bis 60 cm; Halbstrauch, dicht wachsende *Stengel*; *Blätter*: schmutzig-grün, eingerollte Ränder; *Blüten*: violett, in Ähren angeordnet.
Offizinelle Teile:	Blüten, Blätter
Wirkstoffe:	ätherische Öle, Bitterstoffe, Cumarine, Harze
Blütezeit:	Juli bis August
Sammelzeit:	Juli bis September
Eigenschaften:	beruhigend, krampflösend, harntreibend, galletreibend
Med. Anwendung:	*Tee*: bei Kopfschmerzen, Nervenleiden, Augen- und Ohrenbeschwerden, Schlaflosigkeit, Schnupfen, Anämie, Stoffwechselstörungen *Öl*: bei Schlafstörungen, Nervosität *Gurgeln* mit Lavendelessig bei Zahnschmerzen *Einreibungen* bei Hämatomen *Bäder* bei schwachen Nerven, Schweißneigung
Dosierung und Zubereitung:	*Tee*: 1 g = 1 TL auf 1 Tasse Wasser, bis zu 2 Tassen täglich trinken *Aufguß*: 100 g Blüten auf 2 l Wasser *Badezusatz*: 100 g Blüten auf 1 l Wasser *Öl*: 2mal täglich 5 Tropfen.

Löwenzahn

Kuhblume, Pusteblume
Taraxacum officinale

Den Löwenzahn kennt wohl jeder, besonders wenn zur Blütezeit die Wiesen gelb sind. Der Löwenzahn gehört zur Familie der Korbblütler. Er wurde erstmals von den arabischen Ärzten Rhazes und Avicenna beschrieben. Auch die alten Griechen schätzten ihn sehr. Eine Blütezeit als Heilpflanze erlebte er im späten Mittelalter.

Sein französischer Name *pissenlit* (Bettnässer) weist auf die stark harntreibende Wirkung hin. Als Blutreinigungsmittel ist der Löwenzahn Bestandteil der Frühjahrskur. Kränkelnden Menschen wird eine 14tägige Einnahme von frischen Löwenzahnstengeln empfohlen; der Stengel hat anfangs einen etwas bitteren Geschmack, der aber bald vergeht. Das Einträufeln von Milchsaft in die Augen ist nur nach vorheriger Rücksprache mit dem Hausarzt ratsam.

Löwenzahn ist in manchen Gegenden ein begehrtes Nahrungsmittel. Als Salat, mit Kartoffeln und gekochten Eiern vermengt, schmeckt er sehr gut. Die geröstete Wurzel dient als Kaffee-Ersatz; ein Löwenzahnsirup auf dem Butterbrot schätzen Kenner als Delikatesse.

Vorkommen:	nördliche Halbkugel, auch in Höhenlagen; Raine, Wiesen, Böschungen
Beschreibung:	*Höhe* 20 – 40 cm; kräftige *Pfahlwurzel*; lange, lanzettenförmige, rosettenartig angeordnete *Blätter*; hohle, kahle *Stiele*; gelbe *Blütenköpfe*; *Frucht* mit langgestielter Haarkrone
Offizinelle Teile:	Blätter, Blüte, Wurzel, Stiel, Saft
Wirkstoffe:	Mineralsalze, Inulin, Xanthophylle, Cholin, Vitamine: B, C, (A); Bitterstoffe
Blütezeit:	April bis Oktober
Sammelzeit:	April *Blätter*; Mai *Stiel* und *Blüte*; Frühjahr und Herbst *Wurzel*
Eigenschaften:	harntreibend, blutreinigend, cholagogisch, abführend, appetitanregend
Med. Anwendung:	*Stengel* bei Diabetes, Hautausschlägen, Drüsenschwellung als *Tee* bei Colitis als *Salat* bei Lebererkrankungen als *Honig* bei Nierenkrankheiten
Dosierung und Zubereitung:	*Tee*: 3 g Blätter oder Wurzeln = 1 1/2 TL auf 1 Tasse Wasser; 2 Tassen täglich trinken *Salat* nach Belieben *Saft*: 2mal täglich 1 EL über 4 – 5 Wochen.
VORSICHT!	Bei Erkrankungen der Gallenwege, Geschwüren oder Verengungen im Magen-Darmbereich nicht anwenden!

Mäusedorn

Stechmyrte, Dornmyrte
Ruscus aculeatus

Der Mäusedorn gehört zur Familie der Liliengewächse. Er gedeiht in warmen Gegenden Süd- und Westeuropas. Auch in Großbritannien ist er vereinzelt anzutreffen. Der kleine, immergrüne Strauch liebt kalkreiche Böden. Die blattähnlichen Kurztriebe (Phyllokladien) wachsen sehr dicht und laufen in einer stechenden Spitze aus. Blüten und Früchte stehen in den Achseln eines Hochblattes. Frost verträgt die Pflanze nicht, wohl aber längere Trockenperioden. Die Heilpflanze Mäusedorn wurde schon in der Antike geschätzt. Der griechische Arzt und Pharmakologe Dioskurides (1. Jh. n. Chr.) hat in seiner Arzneimittellehre die Wirkung des Strauches ausführlich beschrieben.

Wirksame Teile sind die Phyllokladien und der knotige Wurzelstock. Darin stecken auch die Hauptwirkstoffe, die Saponine, welche eine starke Wirkung auf die Gefäße ausüben.

Venenerkrankungen sind deshalb auch das wichtigste Anwendungsgebiet des Mäusedorns. Die Gefäßspannung wird noch stärker als durch die Roßkastanie beeinflußt. Angeblich sollen auch eine erhöhte Durchlässigkeit der Kapillarmembran (Haargefäßbrüchigkeit) und die daraus resultierenden Ödeme (Wasseransammlungen) gebessert werden. Weitere Anwendungsgebiete des Mäusedorns sind Ulzera (offene, geschwürige Wunden) und Hämorrhoiden. Die Behandlung muß allerdings über einen längeren Zeitraum – bis zu drei Monaten – durchgeführt werden!

Vorkommen:	sonnenreiche, warme Gegenden bis 1000 m Höhe
Beschreibung:	*Höhe* bis zu 1 m; *Blätter* (Phyllokladien): ledrig, dunkelgrün, wechselständig, eiförmig; *Blüten*: grün-violett; *Früchte*: kugelig rot; *Wurzelstock*: hellgrau mit mehreren Einzelwurzeln; *Geruch* erinnert an Terpentin; *Geschmack*: süßlich-bitter
Offizinelle Teile:	Phyllokladien, Wurzelstock
Wirkstoffe:	Flavonoide, Harze, Spurenelemente, Saponine, ätherische Öle
Blütezeit:	Februar bis April, Oktober
Sammelzeit:	Oktober
Eigenschaften:	die Venen beeinflussend, vasoprotektiv, fiebersenkend, diuretisch, entzündungshemmend
Med. Anwendung:	bei venöser Insuffizienz (Venenstau), Krampfadern, Beinschwellung bei postthrombotischem Syndrom, Venenentzündung, offenen Beinen, Hämorrhoiden
Dosierung und Zubereitung:	*innerliche Anwendung*: 30 g Wurzeln auf 1 l Wasser; 10 min kochen und 15 min ziehen lassen; täglich 3 Tassen über 4 Wochen trinken
VORSICHT!	Die Pflanze steht in der Schweiz unter Naturschutz! Grundsätzlich empfiehlt sich der Kauf von Fertigpräparaten aus der Apotheke.

Magenklee

Fieberklee, Bitterklee
Menyanthes trifoliata

Obwohl beim Magenklee die Blätter immer zu dreien angeordnet sind, gehört er nicht zu den Klee-Pflanzen, wie man das aus seinem Namen vielleicht ableiten könnte. Der Wurzelstock kriecht oft vom Ufer ins Wasser, der Stengel zeigt nach oben. Die weißen, gefransten Blüten und die zartrosa Knospen gleichen denen einer Orchidee. Der Magenklee ist auch eine Bereicherung des Biotops im eigenen Garten.

Der griechische Name bedeutet übersetzt „Monatsblume", was einen Hinweis auf die Anwendung bei Frauenleiden gibt. Der Magenklee wurde übrigens erstmals im 16. Jahrhundert von dem deutschen Botaniker Hieronymus Bock unter dem Namen „Wysermangold" erwähnt. Die Bezeichnung Bitterklee verweist auf den bitteren Geschmack der Blätter, und der volkstümliche Name Fieberklee sagt aus, daß die Pflanze gut bei hohem Fieber wirkt.

Der Tee fördert die Verdauung und reinigt das Blut. Mit Wermut, Tausendgüldenkraut und Salbei vermischt, steigt seine Wirkkraft. Die Magentinktur (8 – 10 Tropfen auf ein Stück Zucker) soll nach reichhaltigen Mahlzeiten eingenommen werden.

Die Blätter müssen rasch im Dunkeln getrocknet werden.

Vorkommen:	Moor, Ufer, feuchte Böden, Sümpfe
Beschreibung:	*Höhe* 20 – 30 cm; *Stengel*; *Blätter*: lang-gestielt, rund, glatt; *Blüten*: trichterför-mig von weiß-roter Farbe, gefranst; *Wur-zel*: kriechend, schuppenartig
Offizinelle Teile:	getrocknete Blätter
Wirkstoffe:	Bitterstoffe, Gerbstoffe, Saponine, Säu-ren
Blütezeit:	Mai bis Juli
Sammelzeit:	Mai/Juni
Eigenschaften:	appetitanregend, schmerzlindernd
Med. Anwendung:	*Tee* bei Magen- und Darmbeschwerden, Appetitlosigkeit, Sodbrennen *Wein* bei Verdauungsstörungen *Umschläge* bei Entzündungen und Rheu-ma
Dosierung und Zubereitung:	*Tee*: 1 TL = 1 g auf 1 Tasse kochendes Wasser (als Tagesgabe); 10 min ziehen lassen und trinken *Wein*: 10 g frische Blätter in 1 l Rotwein 10 min kochen lassen *Umschläge*: 20 g Blätter auf 1 l kochendes Wasser; 5 min ziehen lassen *Tinktur* in der Apotheke kaufen
VORSICHT!	Umschläge nicht auf offene Wunden le-gen. Bei Durchfall, Darmentzündung, Magen-Darm-Geschwüren nicht anwenden.

Malve, Wilde

Käsepappel, Roßpappel
Malva silvestris

Der volkstümliche Name Käsepappel leitet sich von den Früchten der Wilden Malve her, die wie ein Käselaibchen aussehen. Die alten Römer nannten die Pflanze *omnimorbium*, das heißt Heilkraut für alle Krankheiten. Sie kochten Malve mit Wein und Honig und rieben sich damit zum Schutz vor Erkältungen die Brust ein.

Malven werden manchmal vom Malvenrost befallen. Dieser Pilz überzieht dann die Blätter mit braunen Pusteln. Bei Befall sollte die Pflanze nicht mehr verwendet werden. Die rosa Blüten werden durch das Trocknen blau und bei längerer Lichtexposition weiß. Früher wurden sie zum Färben von Zuckerware verwendet.

Bei Magen- und Blasenentzündungen empfiehlt sich eine Suppe aus Malvenblättern und Gerste. Die Malvenblätter sollen dabei erst ganz zum Schluß zugegeben werden, um die Schleimstoffe nicht zu vernichten. Auch beim Trocknen gehen die Schleimstoffe verloren. Deshalb die Pflanze nach Möglichkeit immer frisch verwenden.

Vorkommen:	Wegränder, Schutthalden, in der Nähe von Siedlungen
Beschreibung:	kriechende Pflanze, *Höhe* bis 1 m; *Stengel* haarig; *Blätter*: langgestielt, rundlich, gezackt; *Blüten*: in den Blatt-Achseln, rosa, fünf Blütenblätter; *Staubbeutel* hellviolett; *Frucht* rund-oval, in 9 – 11 Teilfrüchte zerfallend
Offizinelle Teile:	Blatt, Blüte
Wirkstoffe:	Schleim- und Gerbstoffe; Farbstoff Malvin
Blütezeit:	Juni bis September
Sammelzeit:	Juni bis September
Eigenschaften:	schleimlösend, entzündungshemmend, reizlindernd
Med. Anwendung:	*Blattsuppe* bei Entzündungen des Magens und der Blase; bei Bronchitis *äußerliche Anwendung*: Venenentzündungen, Wunden *Bäder* bei der Nachsorge von Frakturen *Gurgeln* bei Kehlkopfentzündungen
Dosierung und Zubereitung:	*Tee*: 2 – 3 TL = 1,5 g auf 1 Tasse heißes Wasser; 1 min kochen; täglich 2 Tassen warm trinken *äußerliche Anwendung*: 4 EL Droge auf 1/4 l Wasser
VORSICHT!	Pflanzen, die mit Malvenrost befallen sind, nicht verwenden.

Mariendistel

Milchdistel, Frauendistel
Silybum marianum

Die Mariendistel, ein Korbblütler, ist im Mittelmeergebiet und im Vorderen Orient zu Hause. Bei uns findet man sie nur ganz vereinzelt und in wilder Form. Die zweijährige, bis zu 1,5 m hohe Pflanze besitzt einen aufrechten, kräftigen Stengel. Die großen, grünen, glänzenden Blätter haben einen dornig gelappten Rand und sind entlang der Adern weißlich verfärbt. Angeblich sollen die weißen Streifen von der Milch der Muttergottes herkommen — daher auch der Name.

Die Mariendistel ist als Nährpflanze beliebt und verbreitet. Aus der „wilden Artischocke" läßt sich ein durchaus schmackhafter Salat zubereiten. Außerdem dient sie als Vieh- und insbesondere als Geflügelfutter.

Die Hauptindikation der Heilpflanze Mariendistel sind Leber- und Galleleiden sowie Herz- und Kreislaufbeschwerden. Sie hilft bei Leberschäden, die durch Gifte wie Alkohol oder Lösungsmittel verursacht sind. Eine fiebersenkende Wirkung wurde bei Tierversuchen festgestellt. Der beruhigende Einfluß auf das zentrale Nervensystem wird bei Reisekrankheit ausgenutzt. Auch bei Migräne, die ja auf einer Gefäßverengung im Gehirn beruht, hilft die Dämpfung der Gefäßnerven. Die erfolgreiche Bekämpfung von Trigeminusneuralgien beruht vermutlich auf denselben pathophysiologischen Angriffspunkten. Den Geschmack des Tees kann man durch Beigabe von Pfefferminzblättern verbessern.

Der Same soll ohne Haarkrone gesammelt und an einem luftigen, schattigen Ort getrocknet werden.

Vorkommen:	bis 1 000 m Höhe; Mittelmeergebiet, Nordafrika, Australien
Beschreibung:	*Stengel*: hohl, aufrecht, gestreift; *Blätter*: entlang der Nerven meist gestreift; *Blüten*: purpur, in halbkugeligen Köpfen stehend; *Hüllblätter* mit dornigen Spitzen; *Früchte*: glänzend, schwarz-gelb; pfahlförmiger *Wurzelstock*; *Geschmack*: an Artischocken erinnernd
Offizinelle Teile:	Früchte
Wirkstoffe:	ätherische Öle, Bitterstoffe, Histamin, Tyramin, Flavone (Silymarin)
Blütezeit:	Juli/August
Sammelzeit:	Spätsommer/Frühherbst
Eigenschaften:	galletreibend, gefäßerweiternd, harntreibend, leberschützend
Med. Anwendung:	*Tee* bei Migräne, Reisekrankheit *Tinktur* bei mangelnder Gallebildung, Cholezystitis, Gelbsucht, Hepatitis, beginnender Leberzirrhose
Dosierung und Zubereitung:	*Tee*: 1 TL Same mit 200 ml Wasser überbrühen; 15 min ziehen lassen; 3mal täglich 1 Tasse kurz vor den Mahlzeiten zu sich nehmen *Aufguß*: 10 g Körner in 1 Tasse Wasser 12 Stunden einweichen; anschließend kurz aufkochen, abseihen, schluckweise trinken
VORSICHT!	Pflanze steht gebietsweise unter Naturschutz! Am besten greift man auf standardisierte Fertigpräparate zurück.

Mistel

Glückszweig, Hexenbesen
Viscum album

Die Mistel ist eine Halbschmarotzerpflanze, die auf den Ästen fremder Bäume wächst. Im Gegensatz zu den echten Schmarotzern baut die Mistel ihre Kohlehydrate selber auf, lediglich das Wasser wird von der Wirtspflanze abgezapft. Die Wurzeln dringen mit Hilfe einer besonderen chemischen Substanz unter die Rinde vor. Der halbkugelige Strauch gewinnt dadurch festen Halt.

Die lederartigen Blätter sind das ganze Jahr über grün, die ledrige Oberfläche schützt vor Erfrieren und Austrocknen. Im Dezember reifen die fleischigen, weißen, erbsengroßen Früchte. Der Samen wird von Vögeln mit dem Kot auf neue Bäume getragen.

Im angelsächsischen Sprachraum dient die Mistel als Weihnachtsschmuck, und wenn ein Junggeselle die Angebetete unter diesem Strauch antrifft, darf er sie – ohne zu fragen – küssen.

Der Misteltee hilft bei verschiedenen neurologischen Erkrankungen, aber auch bei hohem Blutdruck und nervösen Herzstörungen.

Daneben hat die Mistel in jüngster Zeit eine zusätzliche Bedeutung in der Krebstherapie erhalten; bei bestimmten Tumorarten kann man Mistelpräparate in die Haut injizieren. Dies ist aber nur eine unterstützende Therapie; sie darf ausnahmslos nur von einem Fachmann durchgeführt werden.

Die jungen Blätter sollen vor der Fruchtbildung gepflückt werden. Die Trocknung darf nicht bei hohen Temperaturen erfolgen. Abgebrüht oder gekocht sind die Blätter zum Verzehr ungeeignet!

Vorkommen:	in Europa in gemäßigten Zonen, in Nordamerika
Beschreibung:	Halbstrauch, bis 60 cm Durchmesser; *Blätter*: gegenständig, länglich, fleischig; *Blüten*: hellgrün, in Scheindolden; *Früchte*: beerenartige Scheinfrucht, weiß, glasig; *Wurzelstock* in Baumäste eingewachsen; *Geschmack* bitter; *Geruch* unangenehm
Offizinelle Teile:	Blätter
Wirkstoffe:	Cholin, Alkaloide, Inosit, Xantophyll
Blütezeit:	Februar bis April
Sammelzeit:	März/April
Eigenschaften:	Antihypertensiv, schmerzlindernd, krebshemmend
Med. Anwendung:	*Tee* bei neurologischen Erkrankungen, hohem Blutdruck *Injektionen* (vom Fachmann) zur Schmerzbekämpfung bei Rheuma, Bandscheiben- und Ischiasschmerz; in der begleitenden Tumortherapie
Dosierung und Zubereitung:	*Tee*: 2 TL Blätter auf 1 Tasse kaltes Wasser; 1/2 Tag ziehen lassen; kurz aufkochen; täglich 2 Tassen trinken
VORSICHT!	Die Früchte sind zum Verzehr nicht geeignet! Nach Injektionen häufig Quaddelbildung, allergische Reaktionen nicht ausgeschlossen.

Odermennig

Bruchwurz, Beerkraut
Agrimonia eupatoria

Der Odermennig gehört zur Familie der Rosengewächse. Er gedeiht an trockenen Orten und gleicht aus der Ferne einer Königskerze. Der bis zu 1 m hohe Stengel trägt gefiederte, eiförmige, gezähnte, graugrüne Blätter und gelbe, in einer langen Ähre stehende Blüten. Er riecht leicht aromatisch und schmeckt bitter. Schon die Menschen der Antike, beispielsweise Plinius, kannten die besonderen Kräfte dieser Pflanze. Als Erstbeschreiber gilt König Eupator, der dem Odermennig auch den wissenschaftlichen Artnamen verlieh. Eine Blütezeit als Heilpflanze hatte der Odermennig im Mittelalter, als er bei Heiserkeit gegurgelt wurde.

Der Tee wirkt wahre Wunder bei Verdauungsbeschwerden mit Durchfall und Unwohlsein im Unterleib. Bei Milzleiden sollte er zusätzlich mit Milzkraut getrunken werden.

Blätter unter dem Kopfkissen helfen angeblich bei Schlaflosigkeit. In die Schuhe eingelegt, sollen sie die Bildung von Fußschweiß verhindern; gegen Fußpilz allerdings ist dieses Kraut nicht tauglich.

Die Blüten dienten früher zur Herstellung eines Farbstoffes; die Gerbstoffe wurden in der Lederverarbeitung genutzt.

Vorkommen:	in Europa in nördlichen Zonen, Weg- und Waldrändern
Beschreibung:	*Stengel* aufrecht; *Blätter*: oval, gezähnt, oben grün, unten grau; *Blüten*: gelb, klein, in einer langen Ähre; *Kelchbecher* mit Borsten; dicker *Wurzelstock*
Offizinelle Teile:	Blätter
Wirkstoffe:	Gerb- und Bitterstoffe; ätherische Öle; Vitamine
Blütezeit:	Juni bis August
Sammelzeit:	Mai/Juni
Eigenschaften:	entzündungshemmend, wundheilend, harntreibend
Med. Anwendung:	*Tee* bei Durchfall, Verdauungsbeschwerden, Leber- und Milzleiden, Erkrankungen im Urogenitaltrakt *Gurgeln* bei Entzündungen im Mund-Rachenraum
Dosierung und Zubereitung:	*Tee*: 3 TL = 2,5 g auf 1 Tasse; bis zu 2 Tassen täglich trinken Gurgeln mit *Absud*: 100 g Blätter auf 1 l Wasser; 10 min kochen; 4mal täglich gurgeln
VORSICHT!	Die Pflanze steht in der Schweiz unter Naturschutz. Durchfall bei kleinen Kindern grundsätzlich durch den Arzt behandeln lassen!

Quecke

Schnürgras, Graswurzel
Triticum repens

Die Quecke ist ein weitverbreitetes und lästiges Unkraut. Wo sie einmal Fuß gefaßt hat, ist sie nur sehr schwer wieder auszurotten. Und wird irgendwo ein neuer Erdhügel aufgeworfen: Schon ist die Quecke wieder da. Die stark verzweigten Wurzelstöcke erschweren die Ausrottung. Die Quecke ist auf der gesamten nördlichen Halbkugel verbreitet. Sie zählt zur Familie der Süßgräser. Früher war auch die Bezeichnung *Triticum repens*, zu deutsch „kriechender Weizen", geläufig. Dieser Name charakterisiert die Quecke: Stengel und Ähren gleichen dem Weizen. Das Hundsgras mit seinen violetten Ähren wird oft mit der Quecke verwechselt. Die Quecke enthält sehr viele Kohlehydrate (mehr als 50 %). Als Futterpflanze ist sie sehr beliebt. Angeblich soll sie die Tiere widerstandsfähiger gegen Tuberkulose machen. Wissenschaftlich ist das aber bisher nicht erwiesen.

Die Quecke ist eine sehr zähe und ausdauernde Pflanze, und diese Eigenschaften scheinen sich auch auf die Heilkräfte übertragen zu haben. Am wirksamsten sind die Wurzeln, die in vielen Prostata-Präparaten enthalten sind. Besonders eignet sich die Quecke zur Behandlung des Prostata-Adenoms, also der gutartigen Prostatavergrößerung bei älteren Männern. Dank der positiven Wirkung konnte nach längerer Einnahme eines Fertigpräparates schon öfters eine Operation um Jahre hinausgeschoben werden.

Des weiteren schützt die Quecke wegen ihres hohen Schleimstoffgehaltes vor Entzündung, vor allem bei drohendem Magen-Darm-Katarrh. Der Saft wirkt harntreibend und ist daher bei Steinleiden und Stoffwechselstörungen angezeigt. Auch Ödeme geringen Grades können beseitigt werden. Der Saft sollte allerdings nur in frischem Zustand verwendet werden.

Vorkommen:	Europa, Asien, Nordafrika, USA, Kanada; bis 1 800 m Höhe
Beschreibung:	*Höhe* bis 1 m; *Blätter*: länglich, flach, blau-grün, meist mit einer mittelständigen Ader, leicht behaart; *Blüten*: in mehreren grün-blauen Ähren (3 – 5); *Frucht*: länglich, von 2 Blättern eingeschlossen; länglicher, teilweise aufgetriebener *Wurzelstock* mit Seitenwurzeln; süßlicher *Geschmack*
Offizinelle Teile:	Wurzelstock, Saft, Blüten
Wirkstoffe:	Kieselsäure, ätherische Öle, Mineralsalze, Schleimstoffe, Saponin, Kohlehydrate
Blütezeit:	Juni bis September
Sammelzeit:	Wurzel: Frühjahr und Herbst
Eigenschaften:	harntreibend, blutreinigend, reizlindernd, schweißtreibend, entzündungshemmend
Med. Anwendung:	*Wurzel*: bei Prostataleiden *Saft*: bei Rheuma, zur Blutreinigung, bei Wassersucht (Ödemen), Stoffwechselstörungen, Verdauungsstörungen, unreiner Haut (Ekzem, Akne)
Dosierung und Zubereitung:	*Tee*: 1 TL = 2 g Wurzeln auf 1 Tasse Wasser, 15 min kochen; anschließend schluckweise trinken; Tagesgabe 2 Tassen *Frischer Preßsaft*: 3mal täglich 1 EL auf 1 Glas Wasser verdünnen.
VORSICHT!	Bei Ödemen aufgrund von Herz- oder Nierenschäden sollte die Quecke nicht verwendet werden.

Rainfarn

Wurmkraut
Tanacetum vulgare

Der Rainfarn gehört zur Familie der Korbblütler. Er kommt auf der gesamten Nordhalbkugel vor. Bevorzugt wächst er an Ufern, Rainen und auf Waldlichtungen. Aus einem Wurzelstock entspringen mehrere Stengel. Charakteristisch sind die gelben, in Trugdolden stehenden Blütenköpfchen.

Rainfarn treibt die Würmer aus; so kann man die Hauptwirkung umschreiben. Er hilft sowohl bei Madenwürmern (Oxyuren), bei Bandwürmern (Tänien) und auch bei Spulwurmbefall (Askariden). Des weiteren nimmt man ihn bei Appetitlosigkeit und Erkrankungen des Magen-Darm-Kanals – sowohl Verdauungsstörungen als auch Entzündungen. Darüber hinaus fördert er eine regelmäßige Menstruation. Ein Gurgelwasser ist bei Erkrankungen und Entzündungen der Mundhöhle angezeigt; einen unangenehmen Mundgeruch vertreibt es leider nicht!

Wegen der stark desinfizierenden Wirkung versucht man mit der getrockneten Pflanze Motten und Fliegen aus dem Haus zu treiben. Diese Wirkung ist aber genauso wie die bei Lausbefall fraglich und sollte mit modernen chemischen Desinfektionsmitteln unterstützt werden.

Aufgrund des hohen Thujongehaltes sind Vergiftungen möglich. Deshalb genau auf die Dosierung achten. Erste Alarmzeichen sind Bauchweh und Erbrechen.

Vorkommen:	in Europa, Asien, Nordamerika; bis 2 000 Meter Höhe
Beschreibung:	*Höhe* bis 1,30 m; *Stengel*: kantig, hohl; *Blätter*: wechselständig, gefiedert, fein punktiert, gezackt; *Blüten*: gelb, abgeplattete Köpfe, in einer Doldenrispe; kurzer *Wurzelstock*; intensiver *Geruch*, bitterer *Geschmack*
Offizinelle Teile:	Samen, blühende Sproßspitzen, Kraut
Wirkstoffe:	Bitterstoffe, ätherische Öle, Enolin, Harze, Alkaloide (Thujon)
Blütezeit:	Juli bis September
Sammelzeit:	Juli bis Oktober
Eigenschaften:	wurmtreibend, Verdauung und Menstruation regulierend, appetitanregend
Med. Anwendung:	*Tee* bei Wurmbefall, schwacher oder fehlender Menstruation, Appetitlosigkeit, Verstopfung, Magenschleimhautentzündung *Gurgeln* bei Zahnschmerzen, Aphten (Mundausschlag)
Dosierung und Zubereitung:	*Wurmkur*: Je 1 TL Blüten und Samen auf 1 Tasse siedendes Wasser, 10 min ziehen lassen und mehrere Tage hintereinander trinken *Gurgeln*: 50 g blühende Sproßspitzen auf 1 l Wasser, kurz aufkochen und 10 min ziehen lassen
VORSICHT!	Der Rainfarn ist giftig; die Anwendung ist während der Schwangerschaft verboten, ansonsten sollte die Anwendung ärztlich überwacht werden.

Salbei

Edelsalbei, Schmale Sofie
Salvia officinalis

Der Salbei, eine genügsame, ausdauernde, immergrüne Ge-
würz- und Heilpflanze, ist im Mittelmeergebiet zu Hause. Es
gibt über 20 Arten, aber die meisten Heilkräfte besitzt der echte
Salbei. Der Ziersalbei ist in dieser Hinsicht wertlos. Die Pflanze
ist äußerst pflegeleicht; sie stellt keine größeren Ansprüche an
den Boden. Zur Züchtung braucht man nur einen verholzten
Zweig in die Erde stecken.

Über die Heilkraft waren auch schon die alten Römer unter-
richtet; ein Priester riet damals seinen Zuhörern: „Laßt Salbei
im Garten wachsen, und der Tod wird euer Haus nicht betre-
ten!" In Deutschland wurde er zur Zeit der Wittelsbacher erstmals urkundlich erwähnt.

Der Salbei hilft bei vielen Leiden. Das Gurgelwasser kann man
selbst leicht herstellen: zerriebene Blätter in Branntwein anset-
zen, auf den Ofen stellen und nach einiger Zeit abfiltern; vor
der Anwendung noch 1:10 verdünnen. Hauptsächlich findet
der Salbei aber Verwendung bei Atemwegserkrankungen, Verdauungsstörungen und Nervosität. Schwangere sollten täglich
eine Tasse Tee genießen. Der Salbei schützt außerdem bei drohenden Epidemien, z.B. Grippe. Ob der Salbeitabak auch bei
Angina pectoris hilft, wie mancherorts behauptet wird, ist äußerst fraglich.

Wirksame Teile sind die Blätter. Die Blätter soll man nicht
während, sondern vor der Blüte und hier auch nur nach längerer Sonneneinwirkung sammeln. Zur Lagerung eignet sich ein
luftdicht abgeschlossenes Glas.

Vorkommen:	Südeuropa, kalkreiche Böden
Beschreibung:	*Höhe* bis 90 cm, Halbstrauch; *Stengel* basal verholzt, verzweigt, behaart; *Blätter*: gesägt, fleischig, runzelig, gegenständig, gestielt, länglich bis oval; *Blüten*: violett bis hellblau, ährenartige Blütenstände; aromatischer *Geruch* und *Geschmack*
Offizinelle Teile:	Blätter
Wirkstoffe:	ätherische Öle, Gerb- und Bitterstoffe, Harze, Spurenelemente, Saponin, Flavonoide
Blütezeit:	Juli/August
Sammelzeit:	Mai bis Juli
Eigenschaften:	blutzuckersenkend, entzündungsbekämpfend, die Menstruation regulierend, stimulierend, verdauungsfördernd, cholagogisch, spasmolytisch, schweißhemmend
Med. Anwendung:	*Tee* bei Erkrankungen der Atemwege (Katarrh, Bronchitis, Tuberkulose), Nervosität, Unruhe und Erregtheit, Verdauungsbeschwerden, Leberleiden *Gurgeln* bei Angina, Zahnfleischentzündung, Zahnfleischblutungen, Rachenkatarrh, Heiserkeit *Bäder* bei Menstruationsbeschwerden, Hämorrhoiden
Dosierung und Zubereitung:	1 g = 1 TL auf 1 Tasse Wasser, kurz aufkochen; täglich 2 Tassen zu sich nehmen *Wein*: 100 g Blätter 10 Tage in 1 l Alkohol einlegen
VORSICHT!	Bei Überdosierung Vergiftungserscheinungen! (Tagesdosis 4 – 6 g Salbeiblätter)

Sandbeere

Bärentraube, Harnkraut
Arctostaphylos uva ursi

Die Sandbeere ist eine immergrüne Heilpflanze aus der Familie
der Heidekrautgewächse. Sie ist auf der ganzen Nordhalbkugel
heimisch. Der kriechende Strauch mit den roten Beeren soll bei
den Bären, als diese noch in unseren Breiten hausten, als Lek-
kerbissen beliebt gewesen sein. Aber auch die Wölfe haben sich
offensichtlich von diesen Früchten ernährt.

Die Pflanze, die mit ihrem ausgedehnten Wuchs große Flächen
bedeckt, wird in manchen Gegenden zum Gerben von Häuten
verwendet. Auch als Tabakersatz in Notzeiten ist sie beliebt.
Der Tee eignet sich ausgezeichnet bei Nieren- und Blasenleiden.

Die Glykoside spalten sich im Körper auf und geben langsam
eine Substanz frei, die zur Desinfizierung der Harnwege bei-
trägt. Die Stoffe Arbutin und Methylarbutin wirken erst im al-
kalischen Harn. Vorsicht ist bei Beschwerden im Verdauungs-
trakt geboten: Die Gerbstoffe greifen die Magenschleimhaut
an. Eine Mischung mit Wiesengeißbart und Engelsüß steigert
die Wirksamkeit des Blasentees. Die auftretende Harnverfär-
bung ist harmlos.

Die jungen Blätter sollen im Schatten und an der Luft getrocknet werden.

Vorkommen:	Heide, Waldränder, Sandböden, Felsblöcke
Beschreibung:	*Höhe* bis 40 cm, Zwergstrauch; *Blätter*: eiförmig, ledrig, Oberseite dunkelgrün, Unterseite hellgrün; *Blüten*: fleischfarben, fünfzipfelig, hängende Traube; *Früchte*: purpurrote erbsgroße Beeren
Offizinelle Teile:	Blätter
Wirkstoffe:	Gerbstoffe, Glykoside, Arbutin, ätherische Öle
Blütezeit:	April bis Juni
Sammelzeit:	Mai bis August
Eigenschaften:	antiseptisch
Med. Anwendung:	*Tee* bei infektiösen Nieren- und Blasenleiden, Bettnässen
Dosierung und Zubereitung:	*Tee*: 1 EL getrocknete Blätter auf 1 Tasse Wasser; 10 min kochen und 15 min ziehen lassen; täglich 2 Tassen warm trinken *Absud*: 25 g getrocknete Blätter auf 1 l Wasser; anschließend auf 1/2 l einkochen; diese Menge soll für 3 Tage reichen
VORSICHT!	Bei hoher Dosis und/oder langer Anwendung kann es zu Vergiftungserscheinungen kommen. In der Schwangerschaft nicht anwenden. Die Inhaltsstoffe können nur dann antibakteriell wirken, wenn der Urin leicht basisch ist (pH bei ca. 8,0). Durch Teststreifen überprüfen!

Sauerampfer

Säuerling
Rumex acetosa

Der Sauerampfer ist weit verbreitet; größtenteils kommt er wild vor, teilweise wird er auch in Gärten kultiviert. Der säuerliche Geschmack kommt vom hohen Oxalsäuregehalt. Der Genuß der rohen Pflanze ist nicht ungefährlich. Bei alten Leuten, vor allem aber bei Kindern sind schwere Vergiftungen beobachtet worden. Die Oxalsäure greift nämlich in den menschlichen Stoffwechsel ein. Durch Veränderung des Elektrolytgehalts kommt es zu einer gesteigerten Nervenerregbarkeit; Krämpfe und Lähmungen sind die Folge. Gekochter Sauerampfer dagegen ist ungefährlich. Allerdings sollte man die Pflanze bei Lungenleiden und Verdauungsschwäche nicht verwenden, ebenso nicht bei Stoffwechselerkrankungen (Gicht) und Oxalsteinerkrankungen.

Sauerampfer wird vom Vieh gerne gefressen. Der Mensch kann die frischen Blätter als Salat oder Gemüse zu sich nehmen. In Wasser und Wein gekocht, sind diese bei Frauenleiden und Erkrankungen des Urogenitaltraktes zu empfehlen. Der Tee dient der Blutreinigung. Der Saft hilft bei Leberleiden und Menstruationsbeschwerden; 1 bis 2 Teelöffel hiervon sollen allerdings in einem Glas Zuckerwasser aufgelöst werden.

Wegen der Aufnahme von Spurenelementen darf Sauerampfer nicht in Kupfergeschirren zubereitet oder mit Mineralwasser getrunken werden.

Vorkommen:	Wiesen und Gärten
Beschreibung:	*Höhe* bis 80 cm; *Stengel*: hohl, verzweigt, bodennahe Teile rötlich tingiert. *Blätter*: länglich, pfeilförmig, fleischig, gestielt; *Blüte*: rötlich, in Quirlen angeordnet; *Wurzelstock*: braun-schwarz
Offizinelle Teile:	ganze Pflanze
Wirkstoffe:	Eisen, Vitamine, Oxalsäure
Blütezeit:	Juni
Sammelzeit:	Frühjahr
Eigenschaften:	blutreinigend, harntreibend
Med. Anwendung:	*Tee* bei Blutunreinheiten *Saft*: Leberleiden, Menstruationsbeschwerden *Absud* bei Frauenleiden, Erkrankungen des Urogenitaltraktes *Auflage* bei Verstauchungen
Dosierung und Zubereitung:	*Tee*: 10 g auf 1 l Wasser; 5 min kochen; 5 min ziehen lassen *Saft*: 1 – 2 TL in Zuckerwasser auflösen; 2 Gläser täglich genießen *Absud*: 20 g geschnittene Wurzel auf 1 l Wasser; 5 min kochen und ziehen lassen; innerhalb von 2 Tagen trinken *Auflage*: Umschläge von gekochten und zerquetschten Blättern
VORSICHT!	Der Saft darf nicht in die Augen geträufelt werden. – Eine Überdosierung kann vor allem bei Kindern zu Vergiftungen führen. Nie roh anwenden!

Schafgarbe

Blutkraut, Wundkraut
Achillea millefolium

Die auf Wiesen, Berghängen und an Rainen wachsende Schafgarbe gehört zur Familie der Korbblütler. Von diesem genügsamen Kraut findet man in der Schweiz über 20 Arten; die besten wachsen in den Höhenlagen.

Die französische Bezeichnung für Schafgarbe lautet volkstümlich *herbe à charpentier* (Zimmermannskraut) oder *herbe de St. Joseph* (Kraut des heiligen Josef). Angeblich wurde der heilige Josef, als Jesus sich mit dem Beil eine kleine Wunde zuzog, auf die Wirkung der Schafgarbe als Wundkraut aufmerksam.

Der Wortteil „garbe" heißt soviel wie heilen und *millefolium* bedeutet tausendblättrig. Ein altes Sprichwort meint: „Schafgarb' im Leib tut gut jedem Weib." Anknüpfend an diese Spruchweisheit meinte Pfarrer Kneipp: „Viel Unheil bliebe den Frauen erspart, wenn sie ab und zu mal zur Schafgarbe greifen würden." In der Tat hilft diese Pflanze jungen Mädchen mit unregelmäßigen Monatsblutungen genausogut wie bei Beschwerden in den Wechseljahren. Lungenkrebs, wie mancherorts behauptet, heilt sie natürlich nicht.

Die Blüten sollen nur nach längerer Sonneneinstrahlung gepflückt und im Schatten getrocknet werden. Nach alter Überlieferung soll eine Schafgarbe im Weinfaß den Wein haltbar machen.

Vorkommen:	gemäßigte Zonen, sonnige Berghänge, Wiesen, Feldränder
Beschreibung:	*Höhe* 25 – 30 cm, *Stengel*; gestielte, abwechselnd stehende, doppeltgefiederte, haarige *Blätter*; *Blüte* weiß und rosa, Körbchen mit Zungenblüten; kriechende *Wurzeln*; herber, aromatischer Duft
Offizinelle Teile:	Blüte, Kraut
Wirkstoffe:	ätherische Öle, Azulen, Bitterstoffe, Inulin, Harz, Kieselsäure
Blütezeit:	Juni bis September
Sammelzeit:	Juni bis August
Eigenschaften:	adstringierend, antiseptisch, windtreibend
Med. Anwendung:	*Tee* bei Frauenleiden, Schwindel, Sodbrennen, Übelkeit, Nasenbluten, Anämie, Appetitlosigkeit, Schlaflosigkeit *Gurgeln* bei Zahnweh *Salbe* bei Hämorrhoiden
Dosierung und Zubereitung:	*Tee*: 2,0 g = 2 TL auf 1 Tasse Wasser; bis zu 2 Tassen täglich trinken *Saft*: 3mal täglich 1 EL *Gurgeln*: mit kaltem Tee *Auflage*: Kompressen in Tee tränken *Salbe*: kauft man am besten in der Apotheke
VORSICHT!	Längere Anwendung nicht ohne ärztlichen Rat. – Unbedingt die photosensibilisierende Wirkung des frischen Saftes beachten. Wenn eine Allergie gegen Korbblütler besteht, die Schafgarbe nicht anwenden!

Schöllkraut

Wasserkraut, Maikraut
Chelidonium majus

Das Schöllkraut gehört zur Familie der Mohngewächse. Es ist der einzige Vertreter der Gattung *Chelidonium*. Genauso wie der Schlafmohn besitzt es einen orange-gelben Milchsaft. Das Kraut ist stark verzweigt, die Blätter gefiedert. Berühmt wurde es wegen der schmerzlindernden Wirkung. Sie ist aber nicht so stark wie beim Schlafmohn.

Verwenden kann man vom Schöllkraut den frischen Milchsaft, die Blätter und die Wurzel. Das Sammelgut sollte bei ca. 70° C getrocknet werden. Achtung, der Wurzelstock wird beim Trocknen schwarz. Da die Pflanze stark giftig ist, dürfen Kinder beim Sammeln nicht mithelfen; Erwachsene sollen die notwendigen Vorsichtsmaßnahmen beachten. Am besten kauft man aber Fertigpräparate in der Apotheke.

Das Schöllkraut ist sehr genau erforscht. Viele der Wirkstoffe sind in medizinischen Versuchen auf ihre Wirksamkeit getestet worden. Das Alkaloid Chelidonin lähmt die motorischen Endplatten, also die Stelle der Übertragung eines Nervenimpulses auf einen Muskel; es löst aber auch Krämpfe der glatten Muskulatur. Diese Wirkung benutzt man bei Magen-Darm-Koliken und Gallenblasenkrampf. Wichtig für die praktische Anwendung ist, daß man nur frisches Kraut verwendet. Bei älteren Zubereitungen nimmt die Heilkraft deutlich ab! Des weiteren fördert die Pflanze den Fluß des Galle- und Pankreassaftes. Wenn man den Milchsaft regelmäßig auf Warzen träufelt, so können diese sich bei längerer und regelmäßiger Anwendung zurückbilden.

Innerlich darf man das Schöllkraut nur in Abstimmung mit dem Arzt einnehmen. Es sind bereits viele schwere, auch tödliche Vergiftungen beschrieben worden.

Vorkommen:	in ganz Europa; Haine, Mauern, Schutt-halden; bis 1 700 m Höhe
Beschreibung:	*Höhe* bis zu 1 m; *Stengel*: rund, behaart, zerbrechlich; *Blätter*: eichenlaubähnlich, oben hell-, unten dunkelgrün; *Blüten*: goldgelb, in Dolden; dicker *Wurzelstock*; abstoßender *Geruch*, bitterer *Geschmack*
Offizinelle Teile:	Milchsaft, Wurzeln, Blätter
Wirkstoffe:	Alkaloide, Säuren, ätherische Öle, Sapo-nine, Farbstoffe, Histamin
Blütezeit:	Mai bis September
Sammelzeit:	*Kraut*: März bis Mai; *Wurzeln*: Herbst
Eigenschaften:	krampflösend, die Verdauung regulie-rend, blutdrucksenkend, schmerzstillend, galletreibend, herzleistungssteigernd, blutzuckersenkend
Med. Anwendung:	*innerliche Anwendung*: (Wurzel und Kraut, Tee) bei Leber- und Galleerkran-kungen (Cholezystitis, eingeklemmter Gallestein, Gallestau, Gelbsucht), bei starken Schmerzen, Rheuma, Menstrua-tionsbeschwerden, katarrhalischer Dünn-darmentzündung *Umschläge* und *Bäder* bei Hämorrhoiden, Hautleiden (Schuppenflechte), Warzen *Krauteinlagen* bei Fußschweiß
Dosierung und Zubereitung:	*Tee*: 1/2 g = 1/2 TL auf 1 Tasse Wasser (als Tagesgabe) *Tinktur*: 10 Tropfen 3mal täglich
VORSICHT!	Während der Einnahme ist eine ärztliche Überwachung notwendig; Tagesmenge von 2 – 5 g darf nicht überschritten wer-den!

Silberdistel

Wetterdistel, Eberwurz
Carlina acaulis

Die Silberdistel wächst oft auf kargen Böden in großen Höhen und ist sehr ausdauernd. Der Stengel ist so kurz, daß die Blüten direkten Kontakt mit den bodenständigen, rosettenförmig angeordneten stacheligen Blättern haben. Die gelben Blütenköpfe sind von einem Kranz weißer Blütenblätter umgeben. Die fleischigen Blütenböden gelten mancherorts als Delikatesse. Die Hüllblätter legen sich bei Regen schützend über die Blütenköpfe. Da man glaubte, hieraus das Wetter ablesen zu können, nannte sie der Volksmund auch Wetterdistel.

Der Name *Carlina* geht auf Karl den Großen zurück. Die Pflanze galt zu seiner Zeit als Wundermittel gegen die Pest. Im 20. Jahrhundert ist sie vom Aussterben bedroht und steht deswegen in vielen Ländern (Österreich, Deutschland, Schweiz) unter Naturschutz. Aus der Wurzel der Silberdistel kann ein Milchsaft gepreßt werden. Der Geschmack ist säuerlich, der Geruch stinkend.

Der Tee hingegen eignet sich gut bei Verstopfung, Nierenleiden und Nervenschwäche. Auflagen (abgekochte Wurzel, mit Essig oder Wein vermischt) verhindern wulstige Narbenbildung.

Vorkommen:	trockene Gebirgswiesen, kalkreiche Böden, bis in Höhen von 2 000 m
Beschreibung:	*Stengel* kurz, teilweise fehlt er völlig; *Blätter*: stachelig, fiederspaltig, Wurzelblätter rosettenförmig angeordnet; *Blüten*: bis 12 cm groß, gelb-weiß-rot, weiße Hüllblätter; *Wurzel*: dick
Offizinelle Teile:	Wurzel
Wirkstoffe:	Gerbstoffe, ätherische Öle, Harze
Blütezeit:	Sommer
Sammelzeit:	Herbst
Eigenschaften:	galle- und harntreibend, magenwirksam, die Verdauung fördernd
Med. Anwendung:	*Tee* bei Verdauungsbeschwerden, schwachen Nieren, Nervenleiden *Auflage* bei wulstiger Narbenbildung
Dosierung und Zubereitung:	*Tee*: 1 – 2 EL 6 Stunden kalt ansetzen; anschließend kurz erhitzen *Auflage*: 20 g abgekochte Wurzeln auf 1 l Wasser; mit Essig oder Wein mischen; damit Kompressen tränken
VORSICHT!	Die Pflanze steht gebietsweise unter Naturschutz.

Sonnentau

Himmelstau, Gideonswurzel
Drosera rotundifolia

Den Sonnentau findet man vorzugsweise in Mitteleuropa; er bevorzugt feuchte, kalkfreie Böden; besonders liebt er Moore. Auffällig sind die rosettenartig angeordneten runden Blätter; in der Mitte strebt ein kahler Stengel nach oben. Die roten Drüsenhaare der Blätter sondern ein Sekret ab, das bei entsprechendem Lichteinfall hell glitzert. Daher auch der Name. Der Sonnentau ist eine fleischfressende Pflanze. Verfängt sich ein Insekt in den feinen, klebrigen Drüsenhaaren, dann krümmen sich die Blätter nach innen und verdauen die Beute mit Hilfe eines Enzyms, das den Verdauungssäften des Magens ähnlich ist. Die Pflanze braucht das fremde Eiweiß für die eigene Ernährung, da der Boden, auf dem sie wächst, meist nichts hergibt. Durch den starken Rückgang der Moore in unseren Breiten ist die Pflanze selten geworden, so daß sie unter Naturschutz gestellt wurde.

Die beste Heilwirkung aus der Familie der Sonnentau-Gewächse hat der rundblättrige Sonnentau. Seine Wirkstoffe sind sehr genau erforscht. Die älteren Naturheiler verwendeten die Pflanze zum Vorbeugen bei Gefäßverkalkung. Der hohe Gehalt an Droseron erklärt die guten Effekte bei Asthma und Keuchhusten. Außerdem hat dieser Stoff antibiotische Eigenschaften. Er tötet also Bakterien und Pilze ab. Diese Wirkung erstreckt sich auch auf die Tuberkelbakterien, daher der Einsatz bei Tuberkulose. Mit die wichtigste Indikation des Sonnentaus ist der Keuchhusten bei Kindern. Bevor man hier zu Chemikalien greift, empfiehlt sich ein Therapieversuch mit dieser Pflanze. Die oft gehörte Behauptung, der Sumpfrost wirke hier genausogut, stimmt nicht.

Nach Genuß der Pflanze kann eine Dunkelfärbung des Harnes auftreten; diese ist aber harmlos.

Vorkommen:	in ganz Europa, außer in südlichen Zonen; feuchte Böden
Beschreibung:	*Höhe* bis 20 cm, ausdauernde Pflanze; *Stengel*: grün-rot, aufrecht; *Blätter*: gestielt, rosettenartig, mit drüsenartigen Haaren; *Blüten*: in Trauben angeordnet, weiß; *Same*: geflügelt; *Wurzelstock*: dünn; bitterer *Geschmack*
Offizinelle Teile:	Kraut
Wirkstoffe:	Naphthochinone, Gerbstoffe, Säuren, Quercetin, Farbstoffe, Flavone, eiweißspaltende Enzyme, Droseron
Blütezeit:	Juni bis August
Sammelzeit:	Mai bis September
Eigenschaften:	Auswurffördernd, krampflösend, antibiotisch, hustenbekämpfend, fiebersenkend
Med. Anwendung:	*Extrakte* bei Erkrankung der Atemwege, Reiz- und Keuchhusten, Asthma, Bronchitis, Tbc (begleitend) *Tinktur* bei rheumatischen Schmerzen, Nervenschmerzen *Saft*, innerlich bei Arteriosklerose (vorbeugend), äußerlich bei Warzen
Dosierung und Zubereitung:	*Tinktur*: 2 – 3 mal täglich 15 Tropfen *Extrakt*: 1/2 g = 1 TL auf 1 Tasse heißes Wasser; mit Honig süßen, täglich 1 Tasse trinken
VORSICHT!	Die Pflanze steht in Österreich, Deutschland und der Schweiz unter Naturschutz! Wichtig ist, eine Überdosierung zu vermeiden!

Tausendgüldenkraut

Magenkraut, Fieberkraut
Erythraea centaurium

Das Tausendgüldenkraut gehört zur Familie der Enziange-
wächse und ist in Europa, Asien und Afrika heimisch. Die
Pflanze zeichnet sich durch eine bodenständige Blattrosette
und lanzettförmige, spitze Blätter aus. Die hellroten Blüten
sind als Trugdolden angeordnet. Bei Regen verschließen sich
diese auch am Tage und öffnen sich erst wieder bei Temperaturen über 20 Grad Celsius.

Seinen botanischen Namen erhielt das Kraut zu Ehren des arz-
nei- und kräuterkundigen Zentauren Chiron, einem Wesen der
griechischen Mythologie, halb Mensch und halb Pferd. Das
deutsche Wort erklärt sich folgendermaßen: *centum* (hundert)
wurde fälschlicherweise mit tausend übersetzt, *aurum* (Gold)
wurde als „gülden" aufgefaßt; *erythraios* heißt rot.

Das Tausendgüldenkraut schmeckt wie der gelbe Enzian sehr
bitter. Doch ein altes Sprichwort sagt: „Bitter dem Mund, dem
Magen gesund." Die *Tinctura amara* ist fertig in der Apotheke
zu kaufen; sie hilft ausgezeichnet bei Verdauungsstörungen.
Der Tee soll nur unmittelbar vor den Mahlzeiten, nicht danach
getrunken werden; bei unreiner Haut ist eine Zubereitung mit
Salbei anzuraten. Einer alten Tradition folgend, darf er nur mit
Wein und Honig, nie mit Zucker gesüßt werden.

Das Kraut ist im Schatten zu trocknen.

Vorkommen:	Wegränder, Schutthalden
Beschreibung:	*Höhe*: Stengel 20 – 40 cm, vierkantig; *Blätter*: lanzettförmig-spitz, gegenständig, fünfnervig; *Frucht*: längliche Kapsel
Offizinelle Teile:	blühendes Kraut
Wirkstoffe:	Bitterstoffe, ätherische Öle, Säuren, Mineralsalze, Glykoside
Blütezeit:	Juni bis Oktober
Sammelzeit:	Juni bis Oktober
Eigenschaften:	appetitanregend, die Verdauung regulierend
Med. Anwendung:	*Tee* bei Verdauungsstörungen, Sodbrennen, Appetitlosigkeit *Umschläge*: Entzündungen, Hautkrankheiten
Dosierung und Zubereitung:	*Kaltauszug*: 1 g = 1 TL auf 1 Tasse kaltes Wasser; 6 – 10 Stunden ziehen lassen; vor den Hauptmahlzeiten eßlöffelweise einnehmen *Tee*: 1 TL Kraut auf 1 Tasse siedendes Wasser *Umschläge*: in Kaltauszug tränken *äußerliche Anwendung*: rohe, zerstoßene Blätter auf die Wunde legen Bei Magen- oder Darmgeschwüren nicht anwenden!
VORSICHT!	Überdosierung vermeiden (höchstens 6 g täglich). Die Pflanze steht in einigen Ländern unter Naturschutz.

Tormentill

Ruhrwurz, Blutwurz
Potentilla erecta

Der Tormentill gehört zur Familie der Rosengewächse. Es handelt sich hierbei um eine sehr genügsame Pflanze, die auch auf mageren Wiesen und in größeren Höhen gedeiht. Der braune Wurzelstock ist dick, knollig und kaum verzweigt. Schneidet man ihn auf, so werden die Schnittstellen schnell rot — daher der volkstümliche Name Blutwurz. Der Stengel erreicht eine Höhe von ca. 30 bis 40 cm. Die Blüten weisen jeweils vier Kelch- und Kronblätter auf. Die grundständigen Blätter sind gestielt, die oberen Blätter sitzen direkt am Stengel. Früher wurde der Tormentill aufgrund des hohen Gerbstoffgehaltes zum Gerben von Tierhäuten in der Lederindustrie verwendet.

Der lateinische Name — *potens* = mächtig — weist auf die starke Heilwirkung hin. In medizinischer Hinsicht ist die antiseptische und desinfizierende Wirkung interessant. Die Wurzel enthält dabei hauptsächlich zwei Wirkstoffe: Tannin und Tormentillrot. Sie wird nach dem Trocknen meist als Pulver verwendet. Gurgeln mit Tormentill-Wasser hat sich bei Entzündungen aller Art im Mund- und Rachenbereich bewährt. Daneben soll man das Pulver auch in offene Wunden streuen können. Aus wissenschaftlichen Gesichtspunkten ist aber wegen des Infektionsrisikos davon abzuraten.

Tormentill sollte nicht in Verbindung mit Eisen gebracht werden. Von einer Mischung mit Römischer Kamille ist dringend abzuraten.

Vorkommen:	in ganz Europa, Nordafrika, Asien; bis 3 500 m Höhe
Beschreibung:	*Stengel* anfangs kriechend, dann aufrecht, verzweigt, dünn, reich beblättert; *Blätter*: gezähnt, fingerförmig; *Blüten*: einzeln gestielt, gelb; *Wurzel*: knollig, dick; kein *Geruch*, adstringierender *Geschmack*
Offizinelle Teile:	Wurzelstock
Wirkstoffe:	Saponine, Farbstoffe, Stärke, Gerbstoffe, Tormentillrot, Spurenelemente, Säuren
Blütezeit:	Mai bis Oktober
Sammelzeit:	März/April
Eigenschaften:	den Durchfall bekämpfend, entzündungshemmend, spasmolytisch, bakterientötend, narbenbildend
Med. Anwendung:	*Pulver* bei Durchfall, Dünndarmentzündung *Gurgeln* bei Angina, Zahnfleischentzündung, Heiserkeit *Auflagen* bei Hämatomen, unreiner Haut, Pilzbefall
Dosierung und Zubereitung:	*Tee*: 1 TL Pulver = 2,5 g auf 1 Tasse kochendes Wasser, kurz aufkochen, 5 min ziehen lassen, dann schluckweise trinken; zwei bis drei Tassen zwischen den Mahlzeiten *Tinktur*: 1 Teil Wurzel und 12 Teile Weingeist; mehrere Wochen stehenlassen; täglich 20 Tropfen nehmen *Auflagen*: hierzu die Tinktur verwenden.
VORSICHT!	Durchfall bei kleinen Kindern unbedingt vom Arzt behandeln lassen!

Venuskraut

Eisenkraut, Träne der Juno
Verbena officinalis

Das Venuskraut wird bis zu 1 m hoch und ist durch seinen aufrechten, drahtig verzweigten Stengel und die unscheinbaren weiß-violetten Blüten unverwechselbar. Es wächst mit Vorliebe in der Nähe von menschlichen Siedlungen.

Alle Völker der Frühzeit kannten die verschiedenen Venuskrautarten. Bei den alten Römern wurde es als heilig angesehen. Daher auch der Name Venuskraut oder Träne der Juno. Die Bezeichnung *Verbena* weist darauf hin, daß es bei religiöskultischen Handlungen benutzt wurde. Bei den Germanen gehörte es zum festen Bestandteil der Hochzeitsfeier, denn sie glaubten, es verleihe dem Ehebund mehr Festigkeit. Im Mittelalter wurden damit Zaubersalben zubereitet, aber auch Altäre geschmückt. Bekannt ist diese Pflanze noch unter dem Namen Eisenkraut.

Blätter, zu gleichen Teilen in Wasser und Wein gekocht, lindern Beschwerden der Atemwege, Leber und Nieren. Bei Steinleiden soll bevorzugt ein Wurzeltee eingenommen werden. Bei Haarausfall hilft ein Öl, gewonnen aus geröstetem Eisenkraut. Eisenkraut, mit Schweineschmalz zu einer Salbe zubereitet, kann auf erkrankte Hautstellen aufgetragen werden.

Vorkommen:	Wege, Zäune, Wiesen
Beschreibung:	*Stengel* vierkantig, rauh, verästelt, aufrecht; *Blätter*: länglich, gesägt, gegenständig; *Blüten*: weiß, am Rand violett gefärbt, in Dolden angeordnet
Offizinelle Teile:	blühendes Kraut, Wurzeln, Blätter
Wirkstoffe:	Glykoside, Gerb- und Schleimstoffe, Bitterstoffe
Blütezeit:	Juli bis September
Sammelzeit:	Juni bis August
Eigenschaften:	schweißtreibend, diuretisch krampflösend, adstringierend, auswurffördernd
Med. Anwendung:	*Tee* bei Leber- und Nierenleiden, Erkrankungen der Atemwege *Tropfen* bei Ohrenschmerzen *Gurgeln* bei Halsentzündungen und Mundgeruch *Auflage* auf müde Augen und schlecht heilende Wunden *Sitzbäder* bei Hämorrhoidalleiden
Dosierung und Zubereitung:	*Tee*: 1 g Wurzel auf 1 Tasse Wasser *Aufguß*: 30 g auf jeweils 500 ml Wasser und Wein; kurz aufkochen und ziehen lassen *Öl*: geröstetes und gemahlenes Kraut auf 1/2 l Olivenöl *Auflagen*: 50 g frische Blätter in Essig kochen, bis fast keine Flüssigkeit mehr vorhanden ist; dann auflegen und mit Binden umwickeln
VORSICHT!	Die Verwendung zur Förderung der Milchproduktion bei Stillenden nur mit ärztlicher Erlaubnis. Schwangere sollten kein Eisenkraut anwenden.

Vogelknöterich

Wegtritt, Vogelgras
Polygonum aviculare

Der Vogelknöterich ist eine sehr weitverbreitete Pflanze; er kommt sozusagen auf der ganzen Welt vor. Seine Wirksamkeit war bereits in der Antike bekannt; bei den Römern hieß er *Sanguinaria* – ein Hinweis auf die blutstillende Wirkung der Pflanze. Das Kraut sieht unscheinbar aus, es wird daher oft nicht beachtet oder einfach zertreten. Die Stengel kriechen am Boden dahin, nur die freien Enden ragen nach oben.

Häufig wird der Vogelknöterich mit dem Wasserpfeffer verwechselt. Die Pflanze ist mit dem Schlangenknöterich und dem Sauerampfer verwandt. Von Schafen wird sie gerne gefressen; die Vögel schätzen den Samen – daher auch der volkstümliche Name Vogelgras.

Der Vogelknöterich ist bei Bronchitis und in der Nachbehandlung der Lungenentzündung angezeigt. Die Kieselsäure bewirkt nämlich einen Anstieg der weißen Blutkörperchen (Leukozyten), was die Infektabwehr erheblich erleichtert. Die Flavone besitzen eine stark blutstillende Wirkung. Des weiteren werden Verdauung und Nierentätigkeit angeregt. Wegen der durststillenden Wirkung gibt man den Vogelknöterich auch bei Diabetes mellitus. Gerb- und Schleimstoffgehalt rechtfertigen eine Anwendung bei Magen-Darm-Katarrh.

Umstritten ist dagegen der Gebrauch bei Wassersucht (Ödemen). In der Behandlung der Tuberkulose spielt die Pflanze heute keine Rolle mehr.

Vorkommen:	Brachland, Kiesgruben, Böschungen, Straßen- und Ackerränder, trockene Böden
Beschreibung:	*Höhe* bis 70 cm; *Stengel* anfangs kriechend, später aufrecht, stark verzweigt, kahl; *Blätter*: wechselständig, klein, stiellos, länglich mit häutiger weißer Blattscheide; *Blüten*: klein, rosa, in den Blattachseln stehend; dünne, stark verzweigte *Wurzel*; zusammenziehender *Geschmack*
Offizinelle Teile:	Wurzel, Saft, Kraut
Wirkstoffe:	ätherische Öle, Flavone (Quercetin), Schleim- und Gerbstoffe, Harze
Blütezeit:	Mai bis November
Sammelzeit:	*Wurzel*: Herbst; *Pflanze*: Spätsommer/Frühherbst
Eigenschaften:	blutstillend, sedativ, wundheilend, die Abwehrkraft steigernd
Med. Anwendung:	*Abkochung* bei entzündlichen Magen- und Darmerkrankungen, Durchfall, Bronchitis *Auflagen* bei schlecht heilenden Wunden
Dosierung und Zubereitung:	*Abkochung*: 2,5 g = 2 TL auf 1 Tasse Wasser; bis 3 Tassen täglich trinken *Teemischung*: 2 Teile Vogelknöterich und Haferstroh sowie 3 Teile Ginster und Zinnkraut; täglich auf nüchternen Magen 1 Tasse.

Waldknoblauch

Bärlauch, Hexenzwiebel
Allium ursinum

Der Waldknoblauch teilt im wesentlichen die Eigenschaften unseres Knoblauchs. Wegen seines Geruchs läßt er sich sicher von der giftigen Herbstzeitlosen unterscheiden. Die Bären sollen angeblich nach dem Winterschlaf dieses Kraut suchen, um Magen, Darm und Blut zu reinigen. Auch beim Menschen eignet es sich zu Entschlackungskuren und bei Wurmkrankheiten.

Die Blätter müssen frisch verwendet werden, da sie in trockenem Zustand an Heilkraft einbüßen. Zur Geschmacksverfeinerung werden sie manchmal aufs Butterbrot gelegt und ersetzen in der Küche teilweise auch die Petersilie.

Über die Vorteile des regelmäßigen Genusses äußert sich Pfarrer Künzle: „Die jungen Leute würden aufblühen wie Rosenspalier und aufgehen wie ein Tannenzapfen in der Sonne. Leute, die fast schon im Grab lagen und von den Hühnern hervorgescharrt wurden, gesundeten ganz plötzlich."

Es hat keinen Zweck, die Blätter zu trocknen: sie verlieren dadurch an Heilkraft.

Vorkommen:	humusreiche feuchte Wiesen, Felder
Beschreibung:	*Höhe* bis 30 cm; glatter heller *Stengel* mit weißer *Blütenkugel*; *Blätter* hellgrün, lanzettartig; *Zwiebel* von weißer, durchsichtiger Haut umgeben
Offizinelle Teile:	Blätter, Zwiebel
Wirkstoffe:	Mineralstoffe, Vitamine, Öle, Chlorophyll
Blütezeit:	Mai/Juni
Sammelzeit:	*Blätter* April/Mai; *Zwiebel* Herbst
Eigenschaften:	abführend, entschlackend
Med. Anwendung:	*Blätter* bei Bluthochdruck und Arterienverkalkung, *Salat* bei chronischen Hautkrankheiten, Magen-Darm-Störungen als *Essenz* bei Gedächtnisschwäche, Bronchitis
Dosierung und Zubereitung:	*Blätter* als Salat nach Belieben *Essenz*: kleingeschnittene frische Blätter in 1 l Alkohol 14 Tage in der Wärme stehenlassen; täglich 10 Tropfen mit Wasser einnehmen
VORSICHT!	Nicht mit der giftigen Herbstzeitlosen verwechseln.

Waldmeister

Maikraut
Galium odoratum

Der Waldmeister ist ein bekanntes Kraut, das durch seine in Quirlen stehenden lanzettförmigen Blätter und die weißen, in Scheindolden angeordneten Blüten auffällt. Blütezeit ist das späte Frühjahr.

Frischer Waldmeister wird seit dem 9. Jahrhundert der „Maibowle" zugegeben; er gibt ihr das gute würzige Aroma. Der angenehme Geruch kommt erst so richtig beim Trocknen zur Geltung.

Einen guten Tee (bei Leberschwäche) erhält man, wenn getrocknete Waldmeisterblätter zu gleichen Teilen mit Ehrenpreis, Erdbeerblättern, Gundermann und Melisse gemischt werden. Andere Naturheiler empfehlen die Zugabe von Schlüsselblume und Vogelkraut. Eine Tasse von diesem Tee, jeden Morgen getrunken, beruhigt und verleiht Kraft und Gesundheit.

Gedörrter Waldmeister kann auch geraucht werden. Zusammen mit Huflattich und Minzenblättern ergibt sich ein guter Tabak. Die Pflanze wird beim Trocknen schwarz. Ein Wisch, in den Kleiderschrank gelegt, soll die Motten vertreiben.

Vorkommen:	schattige Buchen- und Mischwälder in Mitteleuropa
Beschreibung:	*Höhe* bis 30 cm; aufrechter vierkantiger *Stengel*; *Blätter* lanzettförmig, in Quirlen angeordnet; *Blüten*: klein, weiß, wohlriechend, in Scheindolden; dünner kriechender *Wurzelstock*
Offizinelle Teile:	Kraut
Wirkstoffe:	Cumaringlykosid, Vitamin C, Farbstoffe
Blütezeit:	Mai/Juni
Sammelzeit:	Mai/Juni
Eigenschaften:	galle-, harn-, schweißtreibend; krampflösend, beruhigend
Med. Anwendung:	*Tee*: Wassersucht, Bauchschmerzen; Leberschwäche, zur Beruhigung *äußerliche Anwendung*: Blattauflage bei Kopfschmerzen
Dosierung und Zubereitung:	*Tee*: 2 TL pro Tasse im kalten Ansatz 8 Stunden ziehen lassen; anschließend erwärmen; jeden Morgen 1 Tasse genießen *Wein*: 40 g mit 20 g Zucker und einigen Orangenscheiben 1/2 Tag in 1 l Weißwein ziehen lassen; abseihen; weitere 12 Stunden ziehen lassen; abschließend filtern *äußerliche Anwendung*: Breiumschläge mit frischen zerdrückten Blättern
VORSICHT!	Bei unsachgemäßer Zubereitung des Tees können Vergiftungserscheinungen auftreten.

Wegerichgewächse

Straßenbraut, Wegtritt
Plantaginaceae

Der Gattungsname Wegerich umfaßt folgende Arten: 1. Mittlerer Wegerich (*Plantago media*); 2. Breitwegerich (*Plantago major*); 3. Spitzwegerich (*Plantago lanceolata*). Alle drei Arten sind in ihrer Wirkungsweise ähnlich. Am wirksamsten soll allerdings der nur in großen Höhen vorkommende Bergwegerich sein. Die Silbe -rich kommt vom lateinischen *rex* = König; der Wegerich beherrscht also Straßen und Wege. „Auf dir Wegerich fuhren Wagen, auf dir ritten Bräute; allen widerstandest du; so hilf denn auch uns."

Der Bauer liebt den Wegerich nicht, denn er nimmt den besseren Futterpflanzen den Boden weg. Die Fruchtähren des Breitwegerichs dienen als Vogelfutter.

Der Spitzwegerich wurde früher zur „Blutreinigung" verwendet; sein Hauptanwendungsgebiet heute sind allerdings Erkältungskrankheiten. Bei der Wundheilung ist er beliebt und hilft bei Hunde- und Schlangenbissen. „Wenn Du von einer Hornisse gestochen wirst, so eile zum Wegerich; es wird Dir geholfen." Kneipp schreibt in *So sollt ihr leben*: „... die Wunde wird ausgewaschen, einige Spitzwegerichblätter werden geknetet und der Saft in die Wunde gepreßt ... noch Spitzwegerichblätter auflegen; so heilt sie rasch zusammen."

Vorkommen:	Wege, sauerstoffarme Böden
Beschreibung:	*Höhe* 10 – 70 cm; grundständige Blattrosette; *Blätter* parallelnervig, bei 1 elliptoid, bei 2 eiförmig breit, bei 3 lanzettenförmig; *Blüten*: walzige Ähren
Offizinelle Teile:	Saft, Blätter
Wirkstoffe:	Kohlehydrate, Schwefel, Mineralsalze
Blütezeit:	April bis Oktober
Sammelzeit:	Mai bis Ende August
Eigenschaften:	adstringierend, sekretolytisch, wundheilend
Med. Anwendung:	*innerliche Anwendung*: Erkältungen; Zahn-, Kopf- und Ohrenschmerzen *äußerliche Anwendung*: Hautentzündungen, Thrombosen *Augenwasser* bei müden Augen *Wundbehandlung*: Auflegen der Blätter
Dosierung und Zubereitung:	*Tee*: 3 g = 3 TL auf 1 Tasse Wasser; bis zu 3 Tassen täglich *Saft*: 1 – 2 TL auf nüchternen Magen; *äußerlich*: einige Tropfen in die Wunde träufeln *Augenbad*: 80 g auf 1 l siedendes Wasser; 20 min ziehen lassen, sorgfältig filtrieren und immer nur für eine einmalige Anwendung zubereiten
VORSICHT!	Bei Pollenallergie sollte man mit der Anwendung sehr zurückhaltend sein.

Wermut

Wurmkraut, Absinth
Artemisia absinthium

Der Wermut gehört zur Familie der Korbblütler. Er ist auf allen Kontinenten heimisch. Der Halbstrauch wird bis zu 1,5 m hoch. Die gefiederten, filzigen Blätter schimmern grau-silbrig. Die Blüten sind gelb und in einer Rispe angeordnet. Sein aromatischer Duft ist unverwechselbar. Das Kraut ist leicht zu kultivieren, es bedarf keiner besonderen Pflege.

Der Wermut erfreut sich seit dem Altertum einer ununterbrochenen Beliebtheit als Heilpflanze. Bereits 2000 vor Christus wird er erwähnt. Wegen seines bitteren Geschmackes gilt er aber auch als Symbol für Krankheit und Leiden. Der Absinth-Likör führte zu vielen schweren Vergiftungen, so daß das Brennen in Deutschland 1923 verboten wurde.

Wermut hilft gut bei Störungen des Magen-Darm-Traktes, beispielsweise bei Sodbrennen oder Appetitlosigkeit. Wie der volkstümliche Name Wurmkraut besagt, wurde er früher bei Darmparasiten eingenommen – eine Indikation, die sicher heutzutage nicht mehr gegeben ist. Der Tee schmeckt sehr bitter und „wehrt" sich hartnäckig gegen Versüßungen. Ein Säcklein mit Wermut-Kräutern unter dem Kopfkissen vertreibt die Schlaflosigkeit.

Zur Bewahrung des Aromas soll die Pflanze im Schatten getrocknet werden. Vorsicht bei der Einnahme, denn eine Überdosierung kann zu Elektrolytverschiebungen und schweren Krämpfen führen. Von einer Einnahme über einen längeren Zeitraum ist generell abzuraten!

Vorkommen:	steinige Böden; oft auch kultiviert; bis 2 000 m
Beschreibung:	*Stengel*: grün, weiß, filzig; *Blätter*: gefiedert, grau-silbrig, länglich; *Blüten*: gelb; aromatischer *Geruch*, bitterer *Geschmack*
Offizinelle Teile:	Kraut
Wirkstoffe:	ätherische Öle, Gerb- und Bitterstoffe, Vitamine, Spurenelemente, Thujon (Giftstoff)
Blütezeit:	Juli bis Oktober
Sammelzeit:	Mai bis Juli
Eigenschaften:	antiseptisch, verdauungsfördernd, appetitanregend
Med. Anwendung:	*innerliche Anwendung*: bei Verdauungsstörungen *äußerliche Anwendung*: bei Schmerzen und Entzündungen, bei unreiner Haut
Dosierung und Zubereitung:	*Pulver*: 1 Messerspitze vor den Hauptmahlzeiten *Tee*: 0,5 g = 1 TL in 1 Tasse Wasser (als Tagesgabe) aufbrühen *äußerlich*: *Aufguß*: 10 g Blätter und blühende Sproßspitzen in 1 l Wasser 10 min ziehen lassen
VORSICHT!	Die Pflanze steht in einigen Ländern unter Naturschutz. Überdosierungen unbedingt vermeiden! Wermut nicht in Schwangerschaft und Stillzeit verwenden! Auch nicht bei Magen- und Darmgeschwüren.

Wiesenknopf, Großer

Blutstillerin
Sanguisorba officinalis

Die Pflanze erreicht eine Höhe von einem Meter. Der kantige Stengel und die gefiederten Blätter sind sehr markant. Die Blüte gleicht einem Knopf, daher auch die deutsche Bezeichnung. Die Pflanze liebt feuchte Gegenden, am liebsten wächst sie an Ufern.

Die Heilkraft des Wiesenknopfes war schon den alten Griechen bekannt. In der roten Farbe der Blüten sah man die Wirksamkeit bei Blutungen. Wissenschaftlich wird dies durch den hohen Gerbstoffgehalt nachgewiesen.

Seinen guten Namen als Heilkraut hat sich der Wiesenknopf bei Lungenblutungen erworben. Sowohl Wurzeln als auch Blüten wurden bei dieser Krankheit als Tee verabreicht. Bei Nasenbluten kann man sich einen Büschel frischen Krautes in den Nacken legen; mit Wiesengeißbart vermischt, hilft er auch sehr gut bei alten Blutergüssen (Hämatomen).

Wegen des bitteren Geschmackes sollte der Tee mit Kandis gesüßt werden. Der Saft ist frisch zu genießen, er ist nicht konservierbar. Als Salatbeigabe verbreitet der Wiesenknopf eine dillähnliche Würze.

Vorkommen:	in feuchten Gegenden
Beschreibung:	*Stengel*: aufrecht, hohl, kaum beblättert; *Blätter*: 30 cm, gefiedert mit 10 rundlichen Blättchen; *Blüten*: dunkelrot; bitterer *Geschmack*; süßlicher *Geruch*
Offizinelle Teile:	Blüte, Wurzel
Wirkstoffe:	Gerb- und Schleimstoffe
Blütezeit:	Juni bis August
Sammelzeit:	*Blüte*: Juni bis August; *Wurzel*: Spätherbst
Eigenschaften:	blutstillend, die Menstruation regulierend
Med. Anwendung:	*Tee* bei Blutungen aller Art, Durchfall, Verdauungsschwäche *Saft* bei unregelmäßiger Periode *Sitzbäder* bei Hämorrhoiden *frisches Kraut* bei Nasenbluten
Dosierung und Zubereitung:	*Tee*: 1 g auf 1 Tasse; kurz aufkochen; abseihen; täglich 2 Tassen *Bäder, Aufguß*: 30 g auf 1 l kochendes Wasser; 10 min ziehen lassen; abseihen; entsprechend verdünnen.

Wurmfarn

Federfarn, Waldfarn
Dryopteris filix-mas

Der Wurmfarn gehört zur Familie der Schildfarngewächse. Er bedeckt meist in Wäldern an feuchten und schattigen Stellen große Flächen. Die Wedel werden über 1 m lang. Durch die kreisrunden Fruchthäufchen an der Unterseite der Blätter kann man den Wurmfarn leicht vom Frauenfarn oder Milzfarn unterscheiden. Die Wirkung des Wurmfarns war schon den alten Griechen bekannt. Theophrast, Dioskurides und Plinius beschrieben genau die Botanik und Heilwirkung der Pflanze.

Die meisten Wirkstoffe des Wurmfarns sind im Wurzelstock. Bei Verwendung darf das Kraut nicht alt sein – Obergrenze ein Jahr. Der Wurmfarn ist das Mittel der Wahl bei Bandwurmbefall. Wichtig ist hier die richtige Dosierung, denn kleinere Dosen interessieren die Würmer nicht. Gleichzeitig sollte man ein Abführmittel geben; auch Rizinus ist erlaubt. Die wurmtreibende Wirkung ist sehr sicher. Nur selten muß man auf chemische Medikamente zurückgreifen. Nach der Einnahme tritt bei den Würmern eine Lähmung auf, die letztendlich für den Wurmabgang verantwortlich ist. Nicht nur Band-, auch Hakenwürmer werden abgetrieben. Bei Madenwürmern allerdings ist eine Möhre, vor jeder Mahlzeit roh gegessen, wirksamer; gegen Spulwürmer hilft immer noch Knoblauch am besten.

Der Wurmfarn ist giftig. Hohe Dosierungen sind zu vermeiden. Kinder dürfen die Droge nicht einnehmen. Außerdem sollte man die Pflanze nicht gleichzeitig mit Alkohol zu sich nehmen. Die Blätter dürfen vor dem Trocknen nicht mit Wasser gereinigt werden. Sie sind im Schatten zu trocknen.

Vorkommen:	in Europa in Wäldern und Gebüschen; bis 2 500 m
Beschreibung:	mehrere Wedel stehen in einem Büschel, das direkt aus dem Rhizom entspringt; *Wedel*: doppelt gefiedert mit gezähnten Einzelblättchen; junge Wedel eingerollt; brauner, horizontaler, dicker *Wurzelstock*; *Fruchthäufchen* (Sori) dicht gedrängt auf der Unterseite der Fiederchen; *Sori*: rund; eigenartiger *Geruch*
Offizinelle Teile:	Wurzelstock, Blätter
Wirkstoffe:	Filixsäure, Filmaron
Blütezeit:	Sporenreife Juli bis September
Sammelzeit:	Die Wurzel sollte nicht selber gesammelt werden
Eigenschaften:	wurmtreibend, wundreinigend, darmreizend, lähmend
Med. Anwendung:	*innerliche Anwendung*: bei Wurmbefall – Band- und Hakenwürmer
Dosierung und Zubereitung:	eine *Fertigkapsel* enthält meist 1 g Filixextrakt. *Erwachsene*: durchschnittlich 10 Kapseln; 2 Stunden nach Einnahme ein Abführmittel; nach Wurmabgang einige Stunden Bettruhe einhalten
VORSICHT!	Auf die richtige Dosierung kommt es an (Arzt fragen); die Pflanze ist giftig (Leberschäden)!

Ysop

Hyssop, Josefskraut
Hyssopus officinalis

Der Ysop gehört zur Familie der Lippenblütler (Labiaten). Er ist ein naher Verwandter von stark duftenden Pflanzen wie Salbei, Thymian, Rosmarin und Lavendel. In Südeuropa und Asien wächst er wild, bei uns ist er nur kultiviert anzutreffen.

Der immergrüne Halbstrauch wird bis zu 50 cm hoch. Die stiellosen, lanzettförmigen Blätter sind in bestimmten Abständen regelmäßig in Rosettenform angeordnet. Als Gewürzpflanze verfeinert der Ysop Salate und Braten. Der Name *Hyssopus* taucht in vielen Schriften der Antike auf, so auch in der Bibel: „Besprenge mich mit dem Hysop und ich bin rein, wasche mich und ich bin weißer als Schnee."

Hauptanwendungsgebiet des Ysops sind Erkrankungen der Atemwege. Aufgrund der Inhaltsstoffe wirkt die Pflanze schleimlösend, entzündungsbekämpfend, auswurffördernd und krampflösend. Auch bei Rheuma, Nachtschweiß und allgemeiner Schwäche kann man den Aufguß trinken. Da sich aber beispielsweise hinter Nachtschweiß viele gefährliche Krankheiten verbergen können, ist unbedingt vorher der Arzt zu Rate zu ziehen. Gurgeln hilft bei Zahnschmerzen und Entzündungen im Mund-Rachenbereich. Umschläge kann man sich um entzündete Gelenke binden. Die Anwendung bei Wurmbefall und Menstruationsbeschwerden ist umstritten.

Blätter und blühende Sproßspitzen sollen langsam im Schatten getrocknet und in einem luftdicht abgeschlossenen Gefäß aufbewahrt werden. Die getrockneten Blätter haben einen angenehmen, aromatischen Geruch.

Vorkommen:	kalkreiche Böden bis 2 000 m
Beschreibung:	*Blüten*: violett, in Scheinähren; eiförmige, runzelige, dunkelbraune Nüßchen; holziger *Wurzelstock*; bitterer *Geschmack*, aromatischer *Geruch*
Offizinelle Teile:	blühende Triebspitzen, Blätter
Wirkstoffe:	ätherische Öle, Flavone, Gerbstoffe, Cholin, Glykoside
Blütezeit:	Juni bis September
Sammelzeit:	Juni bis August
Eigenschaften:	spasmolytisch, die Verdauung fördernd, appetitanregend, blutstillend, den Schweißfluß hemmend
Med. Anwendung:	*Tee* und *Absud* bei Lungenleiden, Bronchitis, Asthma, Verdauungsschwäche, Rheuma, Nachtschweiß, allgemeiner Abgeschlagenheit *Gurgeln* bei Zahnschmerzen, Angina *Bäder* bei Fußschweiß *Umschläge* bei Rheuma
Dosierung und Zubereitung:	*innerliche Anwendung*: 1 TL Droge pro Tasse; 15 min ziehen lassen; täglich höchstens 3 Tassen trinken *äußerliche Anwendung*: 2 EL Droge pro Tasse *Gurgeln* 5mal täglich *Teilbäder* 2mal täglich *Vollbäder* 3mal wöchentlich *Umschläge* 2mal täglich erneuern.

Zinnkraut

Ackerschachtelhalm, Kuhtod
Equisetum arvense

Bekannt ist diese Pflanze durch den fruchttragenden Früh-
jahrswedel, der von ahnungslosen Wanderern oft mit Pilzen
verwechselt wird. Der Sommerwedel, reich mit Astquirlen be-
stückt, gleicht einem Miniaturtannenbaum.

Der Landwirt sieht ihn nicht gern auf seinen Feldern, da er
durch seine tiefen Wurzeln den Boden aussaugt. War das Zinnkraut lange Zeit in Vergessenheit geraten, so hat Pfarrer
Kneipp es wiederentdeckt und als „einzig unersetzbar und un-
schätzbar" bezeichnet.

Ein Zinnkrautdampfbad bei Blasenleiden ist hoch angesehen.
Für ein Bad bei Nierenkrankheiten benötigt man allerdings einen ganzen Eimer voller Kräuter.

Das Zinnkraut ruft wegen seines Kieselsäuregehaltes bei übermäßigem Verzehr bei Tieren Krankheitserscheinungen hervor;
daher auch der Name „Kuhtod". In richtiger Dosierung be-
schleunigt die Kieselsäure aber die Heilung der Lungentuberku-
lose.

Da die Kieselsäure den Magen angreift, soll ein Zinnkrauttee
mit Magenkräutern gemischt werden. Wegen des Kieselsäuregehaltes wurde das Kraut früher zum Reinigen von Geschirr
und Zinn verwendet.

Vorkommen:	Äcker, Feldränder, nasse Lehmböden
Beschreibung:	*Höhe* 15 – 55 cm; tiefer *Wurzelstock*; *Frühjahrswedel*: brauner Fruchtstengel, an der Spitze zapfenartiger Fruchtstand mit Sporen; *Sommerwedel*: gerippt, grün, kleine Äste; geruchlos
Offizinelle Teile:	Sommertriebe
Wirkstoffe:	Kieselsäure, Bitterstoffe, Saponine, Spurenelemente, Glykoside
Blütezeit:	April/Mai
Sammelzeit:	Mai bis Juli
Eigenschaften:	blutstillend, harntreibend, mineralsalzzuführend
Med. Anwendung:	*Tee* bei Nieren- und Blasenleiden, Lungentuberkulose *Tinktur* bei Schweißfüßen *Waschung* bei Hautausschlägen *Dunstbad* bei Steinleiden *Auflage* bei offenen Beinen, Nagelbettentzündungen
Dosierung und Zubereitung:	*Tee*: 3 TL auf 1 Tasse Wasser; 20 min kochen; täglich 2 Tassen warm trinken *Bad*: 2 l Kraut auf 1 Vollbad; vorher jeweils 100 g in heißem Wasser ziehen lassen; abseihen; dann dem entsprechenden Bad zufügen.
VORSICHT!	Bei Ödemen aufgrund von Herz- oder Nierenschwäche nicht anwenden!

Register

Register der deutschen Pflanzennamen

Register der lateinischen Pflanzennamen